Vivimos en un tiempo de ignorancia alarmante acerca de las doctrinas fundamentales y transformadoras de la fe cristiana. "Fundamentos" fue creado en respuesta a la necesidad creciente entre los creyentes de aprender, amar y vivir las verdades de las Sagradas Escrituras.

-Dr. Kenneth Boa, Presidente de Reflections Ministries.

En una época en la cual la doctrina Bíblica se ha devaluado, Tom Holladay y Kay Warren han compuesto un trabajo seminal que ha llegado al reino para un tiempo como el nuestro. "Fundamentos", una herramienta bien concebida que tiene en mente niveles de aprendizaje realistas, equipará una nueva generación de creyentes informados.Una teología bíblica con relevancia práctica.

-Howard G. Hendricks, profesor distinguido y presidente de Dallas Theological Seminary.

¡Por fin! Una guía de estudios que arraigará los corazones y las mentes en la tierra sólida de la Palabra de Dios, de una manera que tenga sentido, en este mundo cambiante y complejo. El objetivo de estos estudios es adiestrar a profesores y líderes para que orienten a otros para tener un propósito, desarrollar sus potenciales y ser fructíferos. ¡Me entusiasma el poder recomendarlo!

- Dr. Joseph M. Stowell, Presidente de Moody Bible Institute.

Este excelente plan de estudio pregona a todos los vientos que si la verdad es dividida en trozos pequeños para que todos la puedan leer, marcar y redargüir, será dulce como la miel; como fuego en los huesos de los que se comprometen a aprenderla. Nuestro mundo desquiciado necesita esta ayuda hoy, más que nunca.

-Jill Briscoe, autora

Tom Holladay y Kay Warren han diseñado una introducción a las creencias básicas de la fe cristiana, accesible y atractiva. Será un regalo para ambos, los que enseñen y los que aprendan.

-John Ortberg, Pastor de Enseñanza de Menlo Park Presbyterian Church

¡Que refrescante es encontrar un libro sobre doctrina (tema frecuentemente abandonado) atinado, fácil de captar, con buenas ilustraciones y toques de humor! Este es un libro que le da vida al estudio de la doctrina.

-June Hunt, autora.

Nunca me cansaré de enfatizar el valor de este tipo de recurso. El crecimiento sin profundidad y la edificación sin cimiento son dos métodos que te asegurarán la desilusión, el desengaño, y el fracaso, cuando no la destrucción. Gracias a Dios por la providencia y el discernimiento que Tom Holladay y Kay Warren han mostrado al darnos estos "Fundamentos".

-Jack Hayford, autor y orador de reconocimiento internacional

Tom Holladay y Kay W[...] ara nuestras iglesias lo que [...] ios hacer: empapar a la gent[...] Tan importante como es para el evangelismo tocar las necesidades de la gente, es captar las verdades bíblicas de forma refrescante y aplicable para el discipulado. "Fundamentos" es el recurso sistemático, doctrinalmente acertado y con relevancia aplicable, que todos hemos estado esperando. ¡Buen trabajo, Tom y Kay! Lo recomiendo totalmente.

-Chip Ingram, Presidente y Director Ejecutivo de Walk Thru the Bible

¡Gracias a Dios por Tom Holladay y Kay Warren! Su reciente obra, "Fundamentos", es un recurso poderoso para aquel que está deseoso de fortalecer su entendimiento con la doctrina básica cristiana y de edificar su vida en el cimiento de la verdad. Este estudio de teología sistemática de veinticuatro sesiones para el hombre común, ha sido completado por más de 3,000 miembros de la Iglesia Saddleback, al igual que por muchas otras iglesias, y promete cambiar vidas para siempre.

-Josh D. McDowell, autor y orador

Tom Holladay y Kay Warren nos han entregado una herramienta probada para satisfacer una de las necesidades más vitales en el mundo de hoy "Fundamentos". Este estudio responde a la necesidad de cristianos que requieren estar munidos con el esqueleto de la verdad bíblica para poder apoyarse en ella. Dios te bendecirá a ti y a tu iglesia a través de este estudio práctico y personal de la palabra de Dios.

-Avery Willis, Vice presidente mayor de Operaciones extranjeras, International Mission Board.

¡Por fin! Este manual suple el eslabón perdido en el estudio de la teología, demostrando en cada página que la teología se trata de la vida. Kay Warren y Tom Holladay nos han hecho a todos un favor al quitarle a la teología su clave secreta, haciéndola accesible, acogedora y discernible para cada cristiano y mostrándonos lo sensato y práctico que puede ser el conocer a Dios. Lo recomiendo enfáticamente.

-Carolyn Custis James, conferencista internacional y autora de When Life and Beliefs Collide

Tom y Kay no se conforman con producir creyentes. Ellos están comprometidos a transformar "convertidos" en discípulos que se reproduzcan, a través de verdades probadas, presentadas en un formato accesible.

-Hank Hanegraaff, anfitrión de Bible Answer Man

"Fundamentos" presenta un estudio exhaustivo sobre las verdades centrales de la fe cristiana. Hoy en día, cuando hay tanta confusión sobre las creencias reales de los cristianos, este artículo arraiga a los creyentes sólidamente en la verdad.

-Stephen Arterburn, Fundador y Presidente de New Life Ministries

Tom Holladay es pastor de enseñanza en la Iglesia de Saddleback en Lake Forest, California. Junto con Kay Warren, desarrolló este manual para enseñar exhaustivamente la doctrina a una congregación que no suele frecuentar la iglesia. Además de su liderazgo pastoral y de sus deberes de enseñanza durante los fines de semana en Saddleback, Tom ayuda a Rick Warren a dar las conferencias de Iglesia con Propósito a líderes cristianos alrededor del mundo. Él y su esposa, Chaundel, tienen tres hijos.

Kay Warren es conferencista en los eventos Purpose-Driven y en otras conferencias alrededor del mundo. Ella y su esposo, Rick, empezaron la Iglesia de Saddleback en su hogar, con siete personas, en el año 1980. Desde entonces, la iglesia ha llegado a ser una de las más grandes en América y una de las más influyentes en el mundo. Madre de tres hijos, Kay es profesora de la Biblia y está involucrada activamente en la ayuda a mujeres y niños afectados por el HIV/SIDA.

11 VERDADES CENTRALES PARA CONSTRUIR TU VIDA SOBRE

fundamentos

UN RECURSO DE DISCIPULADO DE IGLESIA CON PROPÓSITO

Guía del Alumno

tom holladay y kay warren

La misión de Editorial Vida es ser la compañía líder en comunicación cristiana que satisfaga las necesidades de las personas, con recursos cuyo contenido glorifique a Jesucristo y promueva principios bíblicos.

FUNDAMENTOS
Guía del Alumno
Edición en español publicada por
Editorial Vida – 2005
Miami, Florida

Originally published in the USA under the title:
Foundations Participant's Guide
© 2003 by Tom Holladay and Kay Warren
Published by permission of Zondervan, Grand Rapids, Michigan

Traducción y edición: *Translator Solutions, Inc.*
Diseño interior: *Yolanda Bravo*
Diseño de cubierta: *Rob Monacelli*
Adaptación por: *Good Idea Productions Inc.*

ISBN: 978-0-8297-3867-4

Categoría: Ministerio cristiano / Consejería y recuperación

Impreso en Estados Unidos de América
Printed in The United States of America

10 11 12 13 ❖ 8 7 6 5 4 3 2

Contenido

Prólogo:

Lo que *Fundamentos* hará por ti.

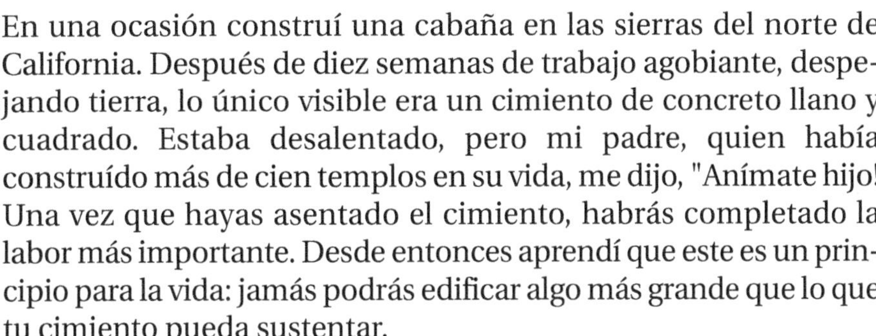

En una ocasión construí una cabaña en las sierras del norte de California. Después de diez semanas de trabajo agobiante, despejando tierra, lo único visible era un cimiento de concreto llano y cuadrado. Estaba desalentado, pero mi padre, quien había construído más de cien templos en su vida, me dijo, "Anímate hijo! Una vez que hayas asentado el cimiento, habrás completado la labor más importante. Desde entonces aprendí que este es un principio para la vida: jamás podrás edificar algo más grande que lo que tu cimiento pueda sustentar.

El cimiento de cualquier edificio determina su tamaño y fortaleza, al igual que en nuestras vidas. Una vida edificada sobre un cimiento falso o defectuoso nunca alcanzará las alturas que Dios quiere que alcance. Si escatimas al poner tu cimiento, limitarás tu vida. Por ese motivo, este material es de importancia vital. "Fundamentos" es la base bíblica para vivir una vida con propósito. Debes entender estas verdades transformadoras para gozar del propósito de Dios para tu vida. Este plan de estudio ha sido enseñado, probado y refinado a través de diez años con miles de personas en la Iglesia Saddleback. Incluso muchas veces he dicho que "Fundamentos" es la clase más importante en nuestra iglesia.

¿Por qué necesitas un cimiento bíblico en la vida?

- *Es la fuente del crecimiento y la estabilidad:* Muchos de nuestros problemas en la vida vienen a causa de razonamientos errados. Es por eso que Jesús dijo "la verdad los hará libres," y Colosenses 2:7 dice,"Siembra tus raíces en Cristo y permítele ser el cimiento en tu vida".
- *Es el sustento de una familia saludable:* Proverbios 24:3 dice, "Con sabiduría se edifica una casa, y con prudencia se afianza. "En un mundo constantemente cambiante, las familias fuertes se basan en la verdad inmutable de Dios.

- *Es el punto de partida del liderazgo:* Nunca podrás llevar a la gente mas allá de lo que tú mismo hayas recorrido. Proverbios 16:12 dice, "todo buen reinado depende de que se practique la justicia" (BLS).
- *Es la base de tu premio eterno en el cielo.* Dijo Pablo, "la obra de cada uno se hará manifiesta, porque el día la pondrá al descubierto, pues por el fuego será revelada... Si permanece la obra de alguno que sobreedificó, él recibirá recompensa. (1 Cor.3:12-14 RVR1995).
- *La verdad de Dios será el único cimiento que permanecerá.* La Biblia nos dice "... sanas palabras, las de nuestro Señor Jesucristo, ... doctrina que es conforme a la piedad" (1 Tim.6:3 LBLA) y el sólido fundamento de Dios permanece firme," (2 Tim.2:19 LBLA).

Jesús concluyó su Sermón del Monte ilustrando esta verdad importante. Dos casas fueron construidas sobre distintos cimientos. La casa construida sobre la arena fue derrumbada por las lluvias, los ríos crecientes y el viento la azotaron. Mas la casa cimentada sobre la roca permaneció firme. Y concluyó, "Por tanto, todo el que me oye estas palabras y las pone en práctica es como un hombre prudente que construyó su casa sobre la roca" (Mat. 7:24). Una paráfrasis de este versículo demuestra su importancia:

"Estas palabras que te hablo no son adiciones incidentales para tu vida...Son palabras fundamentales, palabras sobre las cuales se edifica la vida."

Nunca me cansaré de recomendar este plan de estudio. Ha cambiado nuestra iglesia, nuestro personal y miles de vidas. Por demasiado tiempo, demasiada gente ha visto a la teología como algo no relacionado con la vida cotidiana, pero "Fundamentos" quiebra ese molde. Este estudio aclara que el cimiento de lo que hacemos y decimos a diario es lo que creemos. Me entusiasma que este plan de estudio exhaustivo y transformador esté disponible para el uso de todos.

—RICK WARREN, AUTOR DE UNA VIDA CON PROPÓSITO

¡Avívalo!

Prepárate para una declaración radical, algo que seguramente te hará pensar que habrás perdido el sentido de la realidad. *¡No hay nada más apasionante que la doctrina!*

Síguenos la pista por un momento. La doctrina es el estudio de lo que Dios tiene para decir. Lo que Dios tiene para decir siempre es la verdad. La verdad me da la perspectiva justa sobre mí mismo y el mundo que me rodea. Una perspectiva justa da como resultado, decisiones de fe y experiencias de gozo. *¡Eso es emocionante!*

El objetivo de "Fundamentos" es presentarte las verdades básicas de la fe cristiana de forma sencilla, sistemática y transformadora. En otras palabras, de enseñar doctrina. La pregunta es, ¿Por qué? En un mundo en el cual las vidas están llenas de necesidades desesperantes, ¿Por qué enseñar la doctrina? ¡Porque la doctrina bíblica tiene la respuesta a muchas de esas necesidades desesperantes! Ruego que no veas esto como un conflicto entre una enseñanza orientada hacia la necesidad y otra orientada hacia la doctrina. La verdad es que necesitamos ambas. Todos necesitamos aprender a enfrentar la preocupación en nuestras vidas. Una de las claves para enfrentar la preocupación reside en entender la doctrina bíblica de la esperanza celestial. Las parejas necesitan saber lo que la Biblia dice para que tengamos un matrimonio mejor. También necesitan entender más a fondo la doctrina de la paternidad de Dios que provee confianza en el amor de Dios, sobre el cual se edifican las relaciones saludables. Los padres necesitan entender el discernimiento práctico que la Biblia enseña para criar a los hijos.También necesitan un entendimiento de la soberanía de Dios, la certeza del hecho consistente en que Dios está en control, ya que esto los sostendrá al atravesar los altibajos que conlleva el ser padres. La verdad doctrinal satisface nuestras necesidades más profundas.

Bienvenidos a un estudio que tendrá un impacto de por vida en la forma en que vemos todo lo que nos rodea; lo que está sobre nosotros y dentro de cada uno. Como escritores de este estudio, nuestra meta es ayudarte a desarrollar una "visión cristiana del mundo". Una visión cristiana del mundo es la habilidad de ver todo a través del filtro de la verdad de Dios. El tiempo que dediques a este estudio, pondrá los fundamentos para las nuevas perspectivas que te beneficiarán por el resto de tu vida. Este estudio te ayudará a:

- Disminuir el estrés de la vida diaria.
- Ver el potencial real de crecimiento que el Señor te ha dado.
- Incrementar el sentido de seguridad en este, tan a menudo, convulsionado mundo.
- Encontrar nuevas herramientas para compartir (a tus amigos, familia, hijos), la perspectiva correcta en la vida.
- Enamorarte más profundamente del Señor.

A través de este estudio, hallarás cuatro tipos de secciones diseñadas para ayudarte a conectarte con las verdades que Dios nos dice respecto de sí mismo, nosotros y este mundo.

- *Una palabra fresca:* un aspecto de la enseñanza de la doctrina, que pone a la gente nerviosa, es el uso de "palabras grandilocuentes". A través de este estudio, le daremos un nuevo vistazo a palabras como *omnipotente* y *soberano.*
- *Una observación más detallada:* Tomaremos el tiempo para ampliar una verdad y mirarla desde una perspectiva diferente.
- *Perspectivas personales claves:* La verdad de la doctrina siempre tiene un impacto profundo en nuestras vidas. En estas secciones nos enfocaremos en ese impacto personal.
- *Actuando en la Verdad:* Santiago 1:22 dice, "Sed hacedores de la palabra y no solamente oidores que se engañan a sí mismos" (LBA).

Tarjetas de memorización: Tu guía incluye, además, una tarjeta para memorizar cada una de las once verdades centrales de este estudio. Cada tarjeta señala la esencia de la doctrina en un lado, con un versículo clave acerca de la doctrina, en el otro lado.

Preguntas de discusión. Hallarás las preguntas de discusión, al final de cada estudio.

Prepárate para que Dios haga cosas increíbles en tu vida durante este estudio, cuando comiences la aventura de aprender más profundamente el mensaje más emocionante del mundo: ¡la verdad acerca de Dios!

Estudio introductorio.

Metas transformadoras.

- Confiar en el poder de la verdad de Dios para cambiar tu vida.
- Anticipar en fe, los cambios que el aprender la doctrina producirán en ti.

Desarrollar una visión cristiana del mundo.

"Y esto pido en oración: que vuestro amor abunde aun más y más en conocimiento verdadero y en todo discernimiento, a fin de que escojáis lo mejor..."

-Filipenses 1:9-10 (LBA)

"Ustedes, en cambio, queridos hermanos, manténganse en el amor de Dios, edificándose sobre la base de su santísima fe".

-Judas 1:20 (NVI)

Una palabra fresca.

¿Qué es la doctrina cristiana?

- La doctrina cristiana es un ____________________ de lo que ____ ____________ sobre los temas más importantes de la vida.
- Una definición activa de la palabra teología es: ____________________________________.

¿Por qué aprender la doctrina?

Porque el conocer la verdad acerca de Dios me ayuda

____

Somos crueles con nosotros mismos al intentar vivir en este mundo sin conocer a Dios, a quien pertenece este mundo y quien lo dirige. El mundo se convierte en un lugar extraño, loco, y doloroso para aquellos que no conocen de Dios.

—J. I. Packer

Presta oído a la sabiduría; entrega tu mente a la inteligencia. Pide con todas tus fuerzas inteligencia y buen juicio; entrégate por completo a buscarlos, cual si buscaras plata o un tesoro escondido. Entonces, sabrás lo que es honrar al Señor; ¡descubrirás lo que es conocer a Dios!

-Proverbios 2:2-5 (DHH)

Conocer a Dios te hará sabio;
Conocer a Dios te abrirá los ojos;
Conocer a Dios te dará esperanza;
Conocer a Dios te ayudará a luchar.

—Kay Warren

Porque el conocimiento es una ____________________

"Por eso, dejando a un lado las enseñanzas elementales acerca de Cristo, avancemos hacia la madurez. No volvamos a poner los fundamentos, tales como el arrepentimiento de las obras que conducen a la muerte, la fe en Dios [doctrina] la instrucción sobre bautismos, la imposición de manos, la resurrección de los muertos y el juicio eterno".

-Hebreos 6:1-2 (NVI)

La vida sin fundamento.

"... hasta que todos lleguemos a la unidad de la fe y del conocimiento del Hijo de Dios, al hombre perfecto, a la medida de la estatura de la plenitud de Cristo. Así ya no seremos niños fluctuantes, llevados por doquiera de todo viento de doctrina, por estratagema de hombres que para engañar emplean con astucia las artimañas del error"

-Efesios 4:13-14 (RVR1995)

1. "Llevados por doquiera de todo viento de doctrina ..."

   Sin la verdad soy vulnerable a las ____________________.

2. "Llevados por doquiera de todo viento de doctrina ..."

   Sin la verdad soy víctima de las ____________________.

La vida con fundamento

"Por tanto, todo el que me oye estas palabras y las pone en practica es como un hombre prudente que construye su casa sobre la roca" (Mat. 7:24). Llovió, los ríos crecieron, los vientos la azotaron; mas la casa cimentada sobre la roca permaneció firme.

-Mateo 7:24-25 (NVI)

Porque la doctrina nutre mi alma.

"Enseña estas cosas a los hermanos, y serás un buen servidor de Cristo Jesús, un servidor alimentado con las palabras de la fe y de la buena enseñanza que has seguido".

-1 Timoteo 4:6 (DHH)

"Debiendo ser ya maestros después de tanto tiempo, tenéis necesidad de que se os vuelva a enseñar cuáles son los primeros rudimentos de las palabras de Dios; y habéis llegado a ser tales, que tenéis necesidad de leche y no de alimento sólido. Y todo aquel que participa de la leche es inexperto en la palabra de justicia, porque es niño. El alimento sólido es para los que han alcanzado madurez"

-Hebreos 5:12-14 (RVR 1995)

"Ahora los encomiendo a Dios y al mensaje de su gracia, mensaje que tiene poder para edificarlos".

-Hechos 20:32 (NVI)

Porque el conocer la verdad me permite servir a otros.

"Si enseñas estas cosas a los hermanos, serás un buen servidor de Cristo Jesús, nutrido con las verdades de la fe y de la buena enseñanza que paso a paso has seguido".

-1 Timoteo 4:6 (NVI)

"Debe apegarse a la palabra fiel, según la enseñanza que recibió, de modo que también pueda exhortar a otros con la sana doctrina y refutar a los que se opongan".

-Tito 1:9 (NVI)

Porque el conocer la verdad nos protege contra el error.

"Por eso, de la manera que recibieron a Cristo Jesús como Señor, vivan ahora en él, arraigados y edificados en él, confirmados en la fe como se les enseñó, y llenos de gratitud. Cuídense de que nadie los cautive con la vana y engañosa filosofía que sigue tradiciones humanas, la que va de acuerdo con los principios* de este mundo y no conforme a Cristo".

-Colosenses 2:6-8 (NVI)

"El alimento sólido es propio de las personas adultas, que por su experiencia y por el entrenamiento de sus sentidos están ya en condiciones de distinguir entre el bien y el mal".

-Hebreos 5:14 (CTS-IBS)

¿Cómo podemos equiparnos para la superviviencia, nosotros y nuestros hijos, en una cultura en desintegración? Creyendo firmemente en la ____________, enseñada con claridad y vivida con consistencia.

Porque mi forma de pensar determina ____________________

"porque cuales son sus pensamientos íntimos, tal es él".

-Proverbios 23:7 (RVR1995)

Porque se me manda a:

1. __________________________________

"Esfuérzate por presentarte a Dios aprobado, como obrero que no tiene de qué avergonzarse y que interpreta rectamente la palabra de verdad".

-2 Timoteo 2:15 (NVI)

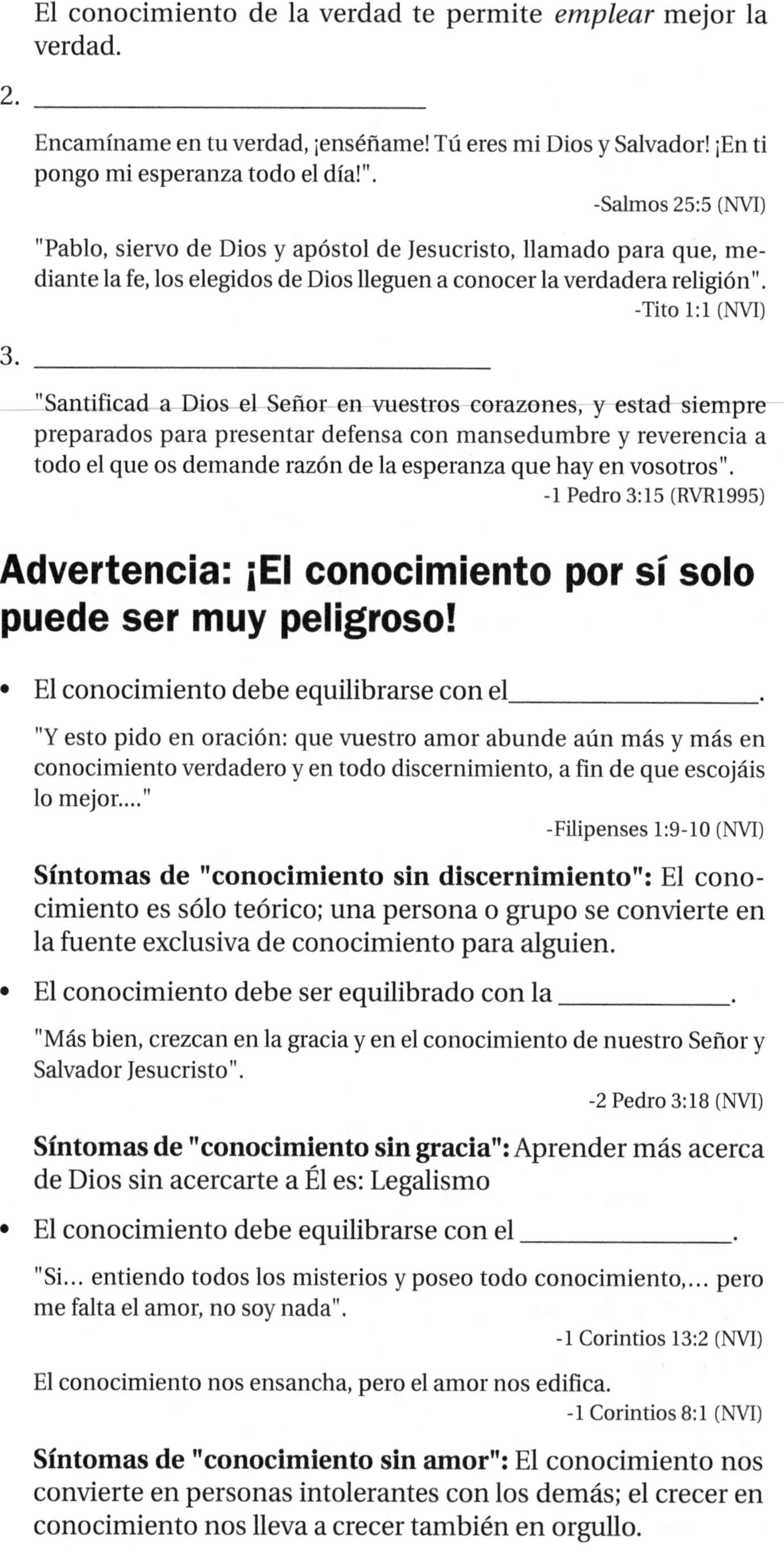

El conocimiento de la verdad te permite *emplear* mejor la verdad.

2. ______________________________

Encamíname en tu verdad, ¡enséñame! Tú eres mi Dios y Salvador! ¡En ti pongo mi esperanza todo el día!".

-Salmos 25:5 (NVI)

"Pablo, siervo de Dios y apóstol de Jesucristo, llamado para que, mediante la fe, los elegidos de Dios lleguen a conocer la verdadera religión".

-Tito 1:1 (NVI)

3. __________________________________

"Santificad a Dios el Señor en vuestros corazones, y estad siempre preparados para presentar defensa con mansedumbre y reverencia a todo el que os demande razón de la esperanza que hay en vosotros".

-1 Pedro 3:15 (RVR1995)

Advertencia: ¡El conocimiento por sí solo puede ser muy peligroso!

- El conocimiento debe equilibrarse con el________________.

"Y esto pido en oración: que vuestro amor abunde aún más y más en conocimiento verdadero y en todo discernimiento, a fin de que escojáis lo mejor...."

-Filipenses 1:9-10 (NVI)

Síntomas de "conocimiento sin discernimiento": El conocimiento es sólo teórico; una persona o grupo se convierte en la fuente exclusiva de conocimiento para alguien.

- El conocimiento debe ser equilibrado con la ____________.

"Más bien, crezcan en la gracia y en el conocimiento de nuestro Señor y Salvador Jesucristo".

-2 Pedro 3:18 (NVI)

Síntomas de "conocimiento sin gracia": Aprender más acerca de Dios sin acercarte a Él es: Legalismo

- El conocimiento debe equilibrarse con el ______________.

"Si... entiendo todos los misterios y poseo todo conocimiento,... pero me falta el amor, no soy nada".

-1 Corintios 13:2 (NVI)

El conocimiento nos ensancha, pero el amor nos edifica.

-1 Corintios 8:1 (NVI)

Síntomas de "conocimiento sin amor": El conocimiento nos convierte en personas intolerantes con los demás; el crecer en conocimiento nos lleva a crecer también en orgullo.

CONSTRUYENDO UN FUNDAMENTO DURADERO.

Tres niveles de verdad.

Este es un panorama sintético de lo que estudiaremos juntos. Esta tabla te ayuda a ver los diferentes niveles de aprendizaje que se relacionan nuestro grado de conocimiento de la verdad. Ser capaz de citar de memoria una verdad bíblica no es necesariamente una señal de haberla aprendido.

Para profundizar en una doctrina debo...	Aprenderla (comprender la verdad)	Amarla (cambiar de perspectiva)	Vivirla (aplicarla a mi vida)
La Biblia	La Biblia es la guía perfecta de Dios para vivir.	Puedo tomar la decisión correcta.	Consultaré la Biblia para buscar guía en mis decisiones respecto a ______________________.
Dios	Dios es más grande, mejor, y más cercano de lo que imaginas.	Lo más importante de mí es lo que creo de Dios.	Ver lo grande qe es Dios, hace que ________________ se vea tan pequeño.
Jesús	Jesús es Dios mostrándose a sí mismo.	Dios desea que lo conozca mejor	Conoceré mejor a Jesús teniendo tiempos de quietud con Él.
El Espíritu Santo	Dios vive en mí y a través de mí ahora.	Soy un templo del Espíritu Santo de Dios	Trataré mi cuerpo como el templo que es haciendo____________.
Creación	Nada "solo se dio", Dios lo creó todo.	Tengo un propósito. en este mundo	La razón por la que existo es ______________________.
Salvación	La gracia es la única forma de tener una relación con Dios.	Soy un objeto de la gracia de Dios,	Dejaré de ver ____________ como una manera de ganar mi. salvación. Solo las haré como forma de apreciar la gracia de Dios.
Santificación	La fe es la única forma de crecer como creyente.	Crezco cuando puedo verme de otra manera.	Pasaré más tiempo escuchando lo que la Palabra de Dios dice de mí y menos escuchando lo que el mundo dice de mí.
Bien y mal	Dios ha permitido el mal para darnos a escoger. Dios puede obtener bien aún del mal. Dios promete la victoria sobre el mal a aquellos que lo escogen.	Todo obra para bien.	Estoy peleando contra el mal cuando enfrento ____________, venceré el mal con el bien cuando ______________________.
La vida después de la muerte	El cielo y el infierno son lugares reales. La muerte es el inicio, no el final.	Puedo enfrentar la muerte confiadamente.	Tendré una actitud más esperanza-dora hacia ______________.
La iglesia	El único super-poder en el mundo es la iglesia. ______________________.	El mejor lugar para invertir mi vida es la iglesia.	Necesito comprometerme más profundamente con la iglesia.
La Segunda Venida	Jesús regresa para juzgar este mundo y reunir a los hijos de Dios.	Quiero vivir alerta, esperando su regreso.	Puedo animar a____________ con la esperanza de la segunda venida.

Preguntas de discusión.

1. Siendo ésta la primera vez que se reúnen en grupo, tomen un momento para conocerse. Compartan su nombre, lugar de nacimiento y un motivo por el cual decidieron participar en este estudio.
2. ¿En qué momento el entender la verdad sobre la Biblia, adquirió importancia en tu vida? Compartan acerca de alguna ocasión en que conocer la verdad los sacó de apuros.
   - ¿De qué forma la verdad sobre Dios y la fe te ayudaron a profundizar tu relación con Dios?
   - ¿Te ayudaron a evitar cometer un grave error?
   - ¿Te hicieron más capaz de servir a Dios y a otros?
   - ¿Te motivaron en un momento difícil o de tentación?
   - ¿Te dieron un nuevo sentimiento de libertad en tu vida?
3. Siendo la doctrina tan importante, ¿por qué será que muchos parecen tener una actitud negativa hacia la enseñanza de la misma? ¿Por qué con frecuencia la gente ve la doctrina como un asunto seco y aburrido, o altisonante y dogmático?
4. Discutan sobre cosas que pueden hacer para evitar que el conocimiento pierda equilibrio. No se limiten a lo que otros deben hacer, hablen sobre lo que ustedes pueden hacer. Hagan una lista de dos o tres cosas específicas que les ayuden a mantener en equilibrio el conocimiento y el amor, la gracia y el discernimiento.

Respuestas a los espacios en blanco:

resumen organizado
la Biblia enseña
fe buscando entendimiento
Conocer mejor a Dios
Fundamento esencial
Circunstancias
Falsas enseñanzas
Verdad
Cómo actúo
Estudiar la verdad
Vivir en la verdad
Defender la verdad
discernimiento
gracia
amor

La Biblia

1ª parte.

Metas transformadoras.

Profundizar (o formar) tu convicción de que en la Biblia, por ser la Palabra de Dios, se puede confiar más que en tus propios sentimientos, valores, opiniones y cultura.

Tres palabras importantes, sus definiciones, y sus implicaciones

Revelación.

Revelación significa que Dios ha escogido revelarnos su naturaleza y su voluntad a través de la Biblia. La Biblia fue escrita para que Dios pueda mostrarnos cómo es Él y lo que desea que seamos nosotros. Una comprensión de Dios puede venir únicamente de su propia decisión de revelarse a nosotros.

> "De esta manera mostraré mi grandeza y mi santidad, y me daré a conocer ante muchas naciones. Entonces sabrán que yo soy el Señor".
>
> -Ezequiel 38:23 (NVI)

Inspiración.

Inspiración es el proceso a través del cual Dios nos ha dado la Biblia. Dios ha obrado en los corazones de escritores humanos para inspirarlos a escribir sus palabras. Las palabras de Dios escritas a través de la gente son perfectas, infalibles y confiables.

> "Toda la Escritura es inspirada por Dios y útil para enseñar, para reprender, para corregir y para instruir en la justicia".
>
> -2 Timoteo 3:16 (NVI)

Iluminación.

La iluminación, es la obra del Espíritu Santo, de dar luz a las palabras de la Biblia cuando las leemos. La iluminación es el medio por el cual comprendemos la Biblia.

> "Entonces les abrió el entendimiento para que comprendieran las Escrituras".
>
> -Lucas 24:45 (NVI)

En el siguiente estudio nos enfocaremos en la iluminación. Veremos tres preguntas fundamentales que se relacionan con la revelación y la inspiración de la Palabra de Dios.

¿Cómo sabemos que la Biblia proviene de Dios?

Primero: La evidencia externa dice que la Biblia es un libro histórico.

- La cantidad de copias de manuscritos y el poco tiempo que existe entre los originales y nuestra primera copia del Nuevo Testamento

  Para el Nuevo Testamento, la evidencia es abrumadora. Hay 5,366 manuscritos para comparar y obtener información y algunos de ellos datan del siglo dos o tres. Para ponerlo en perspectiva hay solo 643 copias de la Ilíada de Homero y es el libro más famoso de la antigua Grecia. Nadie duda de la existencia de la compilación las Guerras que libró Julio César en Galias, y el libro solo tiene unas 10 copias y la primera de ellas se hizo 1,000 años después de ser escrita. La abundancia de copias del Nuevo Testamento de fechas establecidas en menos de 70 años después de sus redacciones es asombrosa.

  -Norman Geisler

  ¿Por qué no nos permitió Dios tener el original en lugar de un número de copias? Una posibilidad: hubiéramos adorado un documento antiguo en lugar de leer y seguir su Palabra de vida

- El cuidado extremo con el que las Escrituras fueron copiadas
- La confirmación de lugares y fechas por la arqueología

  Descubrimiento tras descubrimiento ha establecido la certeza de innumerables detalles, y nos han aumentado el reconocimiento del valor de la Biblia como un recurso histórico.[2]

  -William F. Albright

Segundo: La evidencia interna nos dice que la Biblia es un libro único.

- La mayor parte de la Biblia proviene de testigos presenciales.

- El asombroso acuerdo y consistencia a través de toda la Biblia

  La Biblia fue escrita a través de un periodo de unos 1,500 años en varios lugares desde Babilonia hasta Roma. Los autores humanos fueron más de cuarenta personas en distintas etapas de la vida. Reyes, campesinos, poetas, pastores, pescadores, científicos, sacerdotes, constructores de tiendas y gobernadores. Fue escrita en los montes, un calabozo, dentro de palacios y prisiones, en islas solitarias y en batallas. Aun así habla con acuerdo y veracidad sobre cientos de temas controversiales. Pero cuenta una historia de principio a fin, el plan de salvación de Dios para el hombre a través de Jesús Cristo. ¡NINGUNA PERSONA pudo haber concebido y escrito tal obra! [6]

  -Josh McDowell

Una observación más detallada.

¿Cuál es la diferencia?

La Biblia: ha sido traducida de 24,000 copias, solamente del Nuevo Testamento, las cuales han sido vistas por millones de personas y traducidas por miles de eruditos.	**El libro del Mormón:** está traducido de un único supuesto original, que fue presuntamente visto y traducido por un hombre: José Smith,(quien no era un erudito en lenguajes) Ese original desapareció y no hay ninguna copia disponible del mismo.
La Biblia: fue escrita por más de 40 autores diferentes, abarcando más de 50 generaciones y 3 continentes. A pesar de esto, la Biblia habla con congruencia respecto a todos los asuntos de fe y doctrina.	**El Corán**, son los escritos y registros de un hombre: Mahoma, realizados en un solo lugar y momento históricos. En muchos puntos, difiere de la historia registrada en el Antiguo y el Nuevo Testamentos.
La Biblia: provee una solución específica al problema del pecado del hombre y se enfoca en la obra verificable de Dios en la historia.	**Las escrituras hindúes:** enseñan que todos los caminos llevan a un mismo lugar, enfocándose en historias de cosas que suceden en las esferas celestiales.

Tercero: La evidencia personal dice que la Biblia es un libro poderoso.

La Biblia es el libro más vendido en todo el mundo. La mayoría de gente sabe que fue el primer libro impreso en una imprenta (la Biblia Gutenburg). La Biblia, en su totalidad o en partes ha sido traducida a más de 1,300 lenguas.

¡Millones de vidas han sido cambiadas a través de la verdad de la Biblia!

Recuerda que el testimonio personal es solo una de las cuatro pruebas de que la Biblia es el libro de Dios.

Cuarto: ____________________ dijo que la Biblia proviene de Dios.

1. Jesús reconoció al Espíritu como el __________.

   "-Entonces," pregunto Jesús, "¿Cómo es que David, hablando por el Espíritu, lo llamo "Señor"? Dijo David: "El Señor dijo a mi Señor: "Siéntate a mi derecha hasta que ponga a tus enemigos debajo de tus pies".

   -Mateo 22:43-44 (NVI)

2. Jesús citó la Biblia como ____________________.

   "Jesús les contestó: "Ustedes andan equivocados porque desconocen las Escrituras y el poder de Dios."

   -Mateo 22:29 (NVI)

   "-Dichoso mas bien -contesto Jesús -los que oyen la palabra de Dios y la obedecen."

   -Lucas 11:28 (NVI)

3. Jesús proclamó su singularidad.

   "Les aseguro que mientras existan el cielo y la tierra, ni una letra ni una tilde de la ley desaparecerán hasta que todo se haya cumplido".

   -Mateo 5:18

   "Y ella siempre dice la verdad".

   -Juan 10:35 (BLS)

4. Jesús la llamó "_______________".

   Así por la tradición que se trasmiten entre ustedes, anulan la palabra de Dios. Y hacen muchas cosas parecidas.

   -Marcos 7:13 (NVI)

5. Jesús afirmó la existencia de las personas y los lugares de la Biblia.

   - El afirmó la existencia de los _______ (Mat. 22:40; 24:15).
   - El afirmó la existencia de ____________ (Lucas 17:25)
   - El afirmó la existencia de ______________ (Mat. 19:4).
   - El afirmó la existencia de _____________ (Mat. 10:15).
   - El afirmó la existencia de ____________ (Mat. 12:40).

¿Cómo sabemos que tenemos los libros correctos?

El testimonio de ____________

- Jesús reconoció al el canon del Antiguo Testamento. La palabra canon se refiere a la lista de libros que se aceptaron como parte de las Escrituras.

"Cuando todavía estaba yo con ustedes, les decía que tenia que cumplirse todo lo que esta escrito acerca de mi en la ley de Moisés, en los profetas y en los salmos".

-Lucas 24:44 (NVI)

- Pedro reconoció parte del canon del Nuevo Testamento.

  "En cada una de sus cartas él, (Pablo), "les ha hablado de esto, aunque hay en ellas puntos difíciles de entender que los ignorantes y los débiles en la fe tuercen, como tuercen las demás Escrituras, para su propia condenación".

  -2 Pedro 3:16 (DHH)

- Pablo reconoció la inspiración ____________ en el Antiguo y el Nuevo Testamento en un versículo.

  Pues la Escritura dice: "No le pongas bozal al buey que trilla", y "El trabajador merece que se le pague su salario".

  -1 Timoteo 5:18 (NVI)

  Este es un versículo sorprendente. ¡En el mismo, Pablo cita Deuteronomio 25:4 en el Antiguo Testamento y Lucas 10:7 en el Nuevo Testamento, y los llama Escrituras!

La Historia de la Iglesia

Los libros se incluyeron en el Nuevo Testamento sobre la base de tres cosas:

1. La autoridad de un ______________

   El Nuevo Testamento tiene la autoridad de testigos presenciales. Tomemos el caso de los autores de los evangelios. Mateo fue uno de los apóstoles, Marcos escribió las remembranzas de Pedro, Lucas fue un amigo de Pablo y Juan, que fueron apóstoles.

2. La enseñanza de ______________
3. La confirmación de ______________

   Mucha gente piensa que los libros del Nuevo Testamento fueron escogidos por un pequeño concilio de unas cuantas personas. Pero eso no es verdad. Es cierto que un concilio reconoció los libros del Nuevo Testamento (por el 400 d.c), pero eso fue después de que la iglesia hubiera utilizado esos libros durante unos 300 años. Lo que hizo el concilio fue reconocer formalmente los libros en respuesta a las falsas enseñanzas que trataban de añadir libros que no correspondían a la Biblia.

El poder de Dios

"La hierba se seca y la flor se marchita, pero la palabra de nuestro Dios permanece para siempre".

-Isaías 40:8 (NVI)

Nuestra convicción de que tenemos los libros correctos es cuestión de ____________. Dios no hubiera permitido que cualquier parte que Él mismo escogiera para ser parte de la Biblia y perdurar fuera excluida.

¿Que significa cuando decimos que la Biblia es Inspirada?

Una palabra fresca.

Inspiración.

La inspiración no significa que el escritor de pronto se sintió entusiasmado, como Handel al componer "El Mesías". Ni tampoco significa que las escrituras sean necesariamente inspiradoras, como un poema estimulante. Como proceso, se refiere a que los escritores y las escrituras han sido controlados por Dios. Como producto, se refiere las escrituras como documentos que son mensaje de Dios.[9]

—Norman Geisler

"Inspiración", significa que Dios escribió la Biblia a través de ________________.

"Porque la profecía no ha tenido su origen en la voluntad humana, sino que los profetas hablaron de parte de Dios, impulsados por el Espíritu Santo".

-2 Pedro 1:21 (NIV)

"Inspiración" significa que El Espíritu Santo es el ____________.

"...tenía que cumplirse la Escritura que, por boca de David, había predicho el Espíritu Santo..."

-Hechos 1:16 (NVI)

"Con razón el Espíritu Santo les habló a sus antepasados por medio del profeta Isaías diciendo:..."

-Hechos 28:25 (NVI)

"El Espíritu del Señor vino sobre mí y me ordenó proclamar:..."

-Ezequiel 11:5 (NVI)

Dos palabras importantes para comprender:

Verbal: Dios inspiro no únicamente las ideas, sino las ______________también (Mat. 5:18; 22:43-44-Jesús basó sus argumentos en la palabra singular, "Señor".

Plena: (2 Tim. Dios la inspiró _________, no solo parte (2 Tim. 3:16).

"El camino de Dios es perfecto; la palabra del Señor es intachable. Escudo es Dios a los que en él se refugian".

-Salmos 18:30 (NVI)

Si crees en lo que te agrada del Evangelio, y rechazas lo que no te agrada, no es en el Evangelio que crees, sino en ti mismo.

-Agustín

"Inspiración", significa que la Palabra de Dios es nuestra ________________________.

"¿Cómo puede el joven guardar puro su camino? Guardando tu palabra".

-Salmos 119:9 (LBLA))

"La palabra del Señor es justa; fieles son todas sus obras".

-Salmos 33:4

- El comprender la inspiración aumenta mi ______________en la Biblia.
- La verdad tras la inspiración, es que puedo confiar en su Palabra sobre mis __________, ____________, ____________, y ___________.

  Siempre que haya conflicto entre lo que dice la Biblia y lo que siento, lo que me ha sido enseñado, las opiniones de otros, o con lo que me parezca razonable; cuando tenga alguna diferencia de opinión con la Biblia, ésta última siempre estará en lo cierto.

Obrando en la verdad.

¿Cómo deberíamos responder?

La Biblia nos muestra a Dios. ¿Cómo deberíamos responder a este libro?

- Con reverencia (Sal 119:120)
- Con regocijo (Sal 1:2)
- Con aprecio (Sal 119:72)
- Con alabanza (Sal 119:62)
- Con gozo (Sal 119:111)
- Con amor (Sal 119:47, 97)
- Con obediencia (Dt. 5:32; Santiago 1:22; Juan 14:15)

Usa los versículos listados arriba para tu tiempo devocional antes de la siguiente sesión. Toma unos momentos, no sólo para leer el versículo, sino además para hacer lo que el mismo dice. Es sorprendente cómo crece nuestra fe en la Palabra de Dios a través de este simple paso de decirle a Dios lo valiosa que es su Palabra.

Comienza a trabajar en la primera tarjeta de memorización de Fundamentos, "La Verdad acerca de la Biblia".

Preguntas de discusión

1. Tomen un momento para conocerse mejor respondiendo a los siguientes detalles de sus historias personales:

   La historia de mi vida.

   Mi lugar de nacimiento:

   Mi materia preferida en la secundaria:

   Uno de mis programas de televisión

   preferidos cuando era chico:

   El modelo y el año de mi primer auto:

   Mi primer trabajo:

   Mi golosina preferida cuando era niño:

2. ¿Tienes un versículo, pasaje o libro preferido en la Biblia? ¿Cuál es y por qué?
3. Cuenta sobre una ocasión en la cual la Biblia impactó tu vida.
4. ¿Qué importa si los Evangelios - o los otros libros de la Biblia - son o no, históricamente fiables?
5. En tus lecturas de la Biblia, ¿qué evidencia has visto que afirme que la Biblia es asombrosa y única?
6. Da algunos ejemplos de cómo luchas para confiar en la Palabra de Dios por:

   sobre lo que dictan tus sentimientos.

   sobre los valores con que fuiste criado.

   sobre tus opiniones.

   sobre tu cultura.

7. ¿De qué forma te ha ayudado este estudio a ver que el confiar en la Biblia como la Palabra de Dios es superior a una emoción? Entre las verdades que hemos visto, ¿cuáles son las más convincentes acerca de la maravilla y veracidad de la Biblia?

Respuestas a los espacios en blanco.

Jesús
Autor
autoridad
Palabra de Dios
Profetas
Noé
Adán y Eva
Sodoma y Gomorra
Jonás
Biblia
igual

apóstol
verdad
iglesia
fe
gente
autor
palabras
toda
autoridad final
confianza
sentimientos, valores, opiniones, cultura

La Biblia

2ª parte

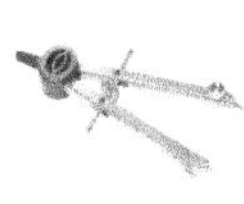

Metas Transformadoras

Darte una confianza profunda y perenne en la habilidad que Dios te concede para entender la Biblia.

Recuerden estas tres palabras: revelación, inspiración, iluminación

- La revelación se ha completado (Heb. 1:1-2).
- La inspiración se ha completado (1 Pedro 1:10-12).
- La iluminación esta ocurriendo ahora.

"Tú, SEÑOR, mantienes mi lámpara encendida; tú, Dios mío, iluminas mis tinieblas"

-Salmo 18:28 (NVI)

"Tu palabra es una lámpara a mis pies; es una luz en mi sendero".

-Salmo 119:105

Una palabra fresca.

Iluminación

La Iluminación es la influencia sobrenatural o la ministración del Espíritu Santo que nos capacita como creyentes en Cristo para comprender las Escrituras.

Podemos verlo de esta manera: Por su revelación y por su inspiración, Dios envió su Palabra a este mundo. A través de la iluminación, las vendas de nuestros ojos son quitadas para que podamos ver esa luz claramente.

Pero para lograr esta iluminación en la vida de un creyente son necesarias cuatro cosas:

Amar ________________ la Palabra de Dios

"¡Cuánto amo yo tu ley! Todo el día medito en ella".

-Salmo 119:97 (NVI)

"Sobre todas las cosas amo tus mandamientos, más que el oro, más que el oro refinado".

-Salmo 119:127 (NVI)

"Si llamas a la inteligencia y pides discernimiento; si la buscas como a la plata, como a un tesoro escondido, entonces comprenderás el temor del SEÑOR y hallarás el conocimiento de Dios. Porque el SEÑOR da la sabiduría; conocimiento y ciencia brotan de sus labios".

-Proverbios 2:3-6 (NVI)

¿Cómo representa la Biblia su propio potencial para cambiar nuestras vidas?

1. ____________________

"Pues ustedes han nacido de nuevo, no de simiente perecedera, sino de simiente imperecedera, mediante la palabra de Dios que vive y permanece".

-1 Pedro 1:23 (NVI)

2. Espada

"Tomen el casco de la salvación y la espada del Espíritu, que es la palabra de Dios".

-Efesios 6:17 (NVI)

"Ciertamente, la palabra de Dios es viva y poderosa, y más cortante que cualquier espada de dos filos. Penetra hasta lo más profundo del alma y del espíritu, hasta la médula de los huesos, y juzga los pensamientos y las intenciones del corazón".

-Hebreos 4:12 (NVI)

En Efesios, la espada está en nuestras manos, defendiéndonos contra el enemigo. En hebreos, la espada está en manos de Dios, penetrando profundamente e impactando nuestras vidas.

3. ____________________

"Al encontrarme con tus palabras, yo las devoraba; ellas eran mi gozo y la alegría de mi corazón, porque yo llevo tu *nombre, SEÑOR, Dios Todopoderoso".

-Jeremías 15:16 (NVI)

Jesús le respondió: -Escrito está: "No sólo de pan vive el hombre, sino de toda palabra que sale de la boca de Dios."

-Mateo 4:4 (NVI)

"deseen con ansias la leche pura de la palabra, como niños recién nacidos. Así, por medio de ella, crecerán en su salvación,"

-1 Pedro 2:2 (NVI)

4. Fuego y Martillo

"¿No es acaso mi palabra como fuego, y como martillo que pulveriza la roca? -afirma el SEÑOR"-.

-Jeremías 23:29 (NVI)

5. Espejo

"El que escucha la palabra pero no la pone en práctica es como el que se mira el rostro en un espejo y, después de mirarse, se va y se olvida enseguida de cómo es. Pero quien se fija atentamente en la ley perfecta que da libertad, y persevera en ella, no olvidando lo que ha oído sino haciéndolo, recibirá bendición al practicarla".

-Santiago 1:23-25 (NVI)

Comprendiendo la Palabra de Dios

Dos verdades acerca de todo creyente en Cristo:

1. El Espíritu Santo me ____________ para comprender la Biblia.

"Nosotros no hemos recibido el espíritu del mundo sino el Espíritu que procede de Dios, para que entendamos lo que por su gracia él nos ha concedido. Esto es precisamente de lo que hablamos, no con las palabras que enseña la sabiduría humana sino con las que enseña el Espíritu, de modo que expresamos verdades espirituales en términos espirituales. El que no tiene el Espíritu no acepta lo que procede del Espíritu de Dios, pues para él es locura. No puede entenderlo, porque hay que discernirlo espiritualmente. En cambio, el que es espiritual lo juzga todo, aunque él mismo no está sujeto al juicio de nadie".

-1 Corintios 2:12-15 (NVI)

"Pero cuando venga el Espíritu de la verdad, él los guiará a toda la verdad",

-Juan 16:13 (NVI)

2. EL Espíritu Santo me hace ________ para comprender la Biblia.

"Todos ustedes, en cambio, han recibido unción del Santo, de manera que conocen la verdad No les escribo porque ignoren la verdad, sino porque la conocen y porque ninguna mentira procede de la verdad. ¿Quién es el mentiroso sino el que niega que Jesús es el *Cristo? Es el anticristo, el que niega al Padre y al Hijo. Todo el que niega al Hijo no tiene al Padre; el que reconoce al Hijo tiene también al Padre. Permanezca en ustedes lo que han oído desde el principio, y así ustedes permanecerán también en el Hijo y en el Padre. Ésta es la promesa que él nos dio: la vida eterna. Estas cosas les escribo acerca de los que procuran engañarlos. En cuanto a ustedes, la unción que de él recibieron permanece en ustedes, y no necesitan que nadie les enseñe. Esa unción es auténtica -no es falsa- y les enseña todas las cosas. Permanezcan en él, tal y como él les enseñó".

-1 Juan 2:20, 27 (NVI)

Manejar la Palabra de Dios

"Esfuérzate por presentarte a Dios aprobado, como obrero que no tiene de qué avergonzarse y que interpreta rectamente la palabra de verdad".

-2 Timoteo 2:15 (NVI)

Siete reglas para el estudio de la Palabra

Regla 1: La fe y el Espíritu Santo son necesarios para una interpretación apropiada.

Regla 2: La Biblia se interpreta a sí misma.

Aplicación: Aprende a hacer estudios con referencias cruzadas

Regla 3: Comprender el Antiguo Testamento a la luz de

____________________.

Ejemplo: La Ley en el Antiguo Testamento

Regla 4: Comprender los pasajes poco claros a la luz de los

__________.

Ejemplo: "Si no hay resurrección, ¿qué sacan los que se bautizan por los muertos? Si en definitiva los muertos no resucitan, ¿por qué se bautizan por ellos?" (1 Cor. 15:29).

Regla 5: Comprender las palabras y versículos a la luz de su

____

Ejemplo: "Descansa, come, bebe y goza de la vida." (Lucas 2:19).

Regla 6: Comprender los pasajes históricos a la luz de los pasajes

________________ .

Ejemplos:

"El rey no tomará para sí muchas mujeres, no sea que se extravíe su *corazón, ni tampoco acumulará enormes cantidades de oro y plata". (Deut. 17:17).

"Muy de madrugada, cuando todavía estaba oscuro, Jesús se levantó, salió de la casa y se fue a un lugar solitario, donde se puso a orar." (Marcos 1:35).

Regla 7: Comprender las experiencias a la luz de las escrituras.

Ejemplo: "No debas nada a nadie" (Rom. 13:8 NASB-Traducción).

Estudiar _______________ La Palabra de Dios

¿Cómo decides estudiar la Palabra de Dios con un compromiso de por vida?

1. Comprométete delante del Señor a confiar en su Palabra y a confiar en ella.

   "Sé diligente en estos asuntos; entrégate de lleno a ellos, de modo que todos puedan ver que estás progresando. Ten cuidado de tu conducta y de tu enseñanza. Persevera en todo ello, porque así te salvarás a ti mismo y a los que te escuchen".

-1 Timoteo 4:15-16 (NVI)

2. Cultivar el deseo, examinando la Palabra de Dios en busca de respuestas.

"Éstos (de Berea) eran de sentimientos más nobles que los de Tesalónica, de modo que recibieron el mensaje con toda avidez y todos los días examinaban las Escrituras para ver si era verdad lo que se les anunciaba".

-Hechos 17:11 (NVI)

3. Diles a otros lo que estás aprendiendo de la Palabra de Dios.

"Que habite en ustedes la palabra de Cristo con toda su riqueza: instrúyanse y aconséjense unos a otros con toda sabiduría; canten salmos, himnos y canciones espirituales a Dios, con gratitud de corazón".

-Colosenses 3:16 (NVI)

4. Actúa de acuerdo a lo que aprendes mientras estudias la Biblia.

"No se contenten sólo con escuchar la palabra, pues así se engañan ustedes mismos. Llévenla a la práctica".

-Santiago 1:22 (NVI)

Terminemos memorizando la tarjeta no. 1 de Fundamentos, "La Verdad acerca de la Biblia".

Preguntas de Discusión

1. Cuenta una experiencia que te haya hecho recapacitar en tu amor por la Biblia. ¿Qué tipo de experiencias te hacen sentir esto? ¿Cuándo has sentido más profundamente la verdad de que la Biblia es un tesoro?

2. Discutan juntos respuestas a lo siguiente:

   La Biblia fue como una semilla para mi cuando ....

   La Biblia fue como una espada para mí cuando....

   La Biblia fue como alimento para mí cuando.....

   La Biblia fue como un martillo para mí cuando....

   La Biblia fue como fuego para mí cuando ......

   La Biblia fue como un espejo para mí cuando....

3. El Espíritu Santo nos da una comprensión individual de la Palabra de Dios. Juan dice que "no necesitamos alguien que nos instruya" Sin embargo el Nuevo Testamento habla de instructores y de dar honor a los dones de enseñanza y predicación. ¿Por qué necesitamos maestros? ¿Cómo calzan estas dos verdades juntas?

4. ¿Cuál de las siete reglas de estudio de la Biblia piensas que es más comúnmente violada por los creyentes? ¿Cómo podemos recordarnos a nosotros mismos que debemos manejar la Biblia adecuadamente?

Para estudios posteriores.

Anders, Max. *La Biblia,* Nashville: Nelson, 1995.

Elwell, Walter, ed. *Análisis de la Biblia por Tópico.* Grand Rapids, Mich.: Baker, 1991.

Little, Paul. *Conociendo lo que crees,* Wheaton, Ill.: Victor, 1987.

McDowell, Josh. *Evidencia que exige un veredicto.* Nashville: Nelson Reference, 1999.

Mears, Henrietta. *De lo que se trata la Biblia.* Ventura, Calif.: Regal, 1997.

Rhodes, Ron. *El Corazón del Cristianismo.* Eugene, Ore.: Harvest House, 1996.

Warren, Rick. *Métodos de Estudio Bíblico Personal.* Disponible en www.Pastors.com.

Respuestas a los espacios en blanco.

profundamente
semilla
alimento
espiritualmente
capacita
responsable
acertadamente
Nuevo Testamento
claro
contexto
doctrinal
diligentemente

Dios

1ª parte.

Metas Transformadoras.

- Obtener una percepción más profunda del amor paternal de Dios hacia nosotros.
- Actuar de nuevas formas sobre la base de que Dios es nuestro Padre.

Lo que viene a nuestras mentes cuando pensamos en Dios es lo más importante en nosotros.[1]

-A. W. Tozer

"Si lo puedes comprender, no es Dios".

-Agustín

Al examinar la existencia de Dios, necesitamos recordar tres verdades clave:

1. Dios es real.
2. Dios se revela.
3. Dios es relacional

Dios es real.

Dios no es un personaje de una historia o de un cuento de hadas. Él es tan real como cualquiera de nosotros.

¿Cómo sabemos que Dios existe?

1. Podemos ver la ____________ de Dios en lo que Él ha hecho (Gen 1:1; Rom 1:19-20; Hechos 14:16-17).

   "Los cielos cuentan la gloria de Dios, el firmamento proclama la obra de sus manos. Un día comparte al otro la noticia, una noche a la otra se lo hace saber".

   -Salmo 19:1-2 (NVI)

2. Podemos ver la ______________ de Dios en la Historia Humana.

   "De un sólo hombre hizo todas las naciones para que habitaran toda la tierra; y determinó los períodos de su historia y las fronteras de sus territorios. Esto lo hizo Dios para que todos lo busquen y, aunque sea a tientas, lo encuentren. En verdad, él no está lejos de ninguno de nosotros"

   -Hechos 17:26-27 (NVI)

3. Podemos ver las __________ de Dios en nuestras vidas.

   Miremos la historia de Elías y su enfrentamiento contra los falsos profetas en el monte Carmelo en 1 Reyes 18:24-39.

Una observación más detallada

¿Qué aspecto tiene Dios?

La Biblia nos dice que nadie ha visto a Dios (Juan 1:18). Que Dios es espíritu (Salmo. 139:7-12; Juan 4:24); que Dios es invisible (Juan 1:18; Col. 1:15; Heb. 11:27). Pero lo que asumimos naturalmente al escuchar la frase "todos somos hechos a su imagen", es pensar que Dios debe parecerse en algo a nosotros: tal vez tiene dos brazos y dos piernas. ¡Que pensamiento tan temerario! Dios, que llena este universo, obviamente no puede verse como una persona. Cuando la Biblia habla de los brazos fuertes de Dios o de sus alas protectoras, no se refiere a descripciones literales, sino a figuras mediante las cuales Dios se relaciona con nosotros.

Dios se revela.

Nosotros no hemos descubierto a Dios, Él se ____________ (Gen. 35:7; Sal. 98:2).

1. Dios se revela a sí mismo a través de ______________. Romanos 1:20 dice,

   "Porque desde la creación del mundo las cualidades invisibles de Dios, es decir, su eterno poder y su naturaleza divina, se perciben claramente a través de lo que él creó, de modo que nadie tiene excusa".

   -Romanos 1:20 (NVI)

2. Dios se revela a sí mismo a través de __________.

   "Ante todo, tengan muy presente que ninguna profecía de la Escritura surge de la interpretación particular de nadie. Porque la profecía no ha tenido su origen en la voluntad humana, sino que los profetas hablaron de parte de Dios, impulsados por el Espíritu Santo".

   -2 Pedro 1:20-21 (NVI)

3. Dios se revela a sí mismo a través de __________.

> A Dios nadie lo ha visto nunca; el Hijo unigénito, que es Dios y que vive en unión íntima con el Padre, nos lo ha dado a conocer.
>
> -Juan 1:18 (NVI)

Jesús vino para aclarar nuestro entendimiento (1 Juan 5:20). Jesús mismo escogió revelarnos al Padre (Mat. 11:27). Dios se ha revelado de muchas maneras, pero su última Palabra y su revelación más clara están en Jesús (Heb. 1:1-2).

Las encuestas Gallup muestran consistentemente que un 96 % de los americanos que creen que Dios, es real. Para la mayoría de las personas, la cuestión no es si Dios existe o no. El problema es, ¿qué tipo de Dios es? ¿Qué es lo que Jesús nos ha revelado acerca de Dios?

Dios es relacional.

Revisemos algunas de las ideas que todos tenemos acerca del Dios que vive en los cielos y veamos lo que la Biblia dice acerca del verdadero Dios

La verdad acerca de Dios

La idea popular: Dios es distante

La verdad es que Dios está muy __________ (Sal. 139:7-12; Santiago 4:8).

La idea popular es: Dios mira mis acciones desde lejos.

La realidad es: Dios está íntimamente involucrado en ________________ de nuestras vidas (Mateo. 6:25-30; Lucas 12:6-7).

La idea popular es: Dios espera ansiosamente la oportunidad de juzgar a los que se equivocan.

La verdad es: Dios está esperando para ________ a todo aquel que lo solicite. (Juan 3:17).

La idea popular es: Dios, o no es lo suficientemente poderoso o no le interesa mucho la maldad en el mundo.

La verdad es: Dios permite que un mundo malvado siga existiendo sólo porque desea que más gente se salve (2 Pedro 3:8-9).

Una palabra fresca

Cuatro palabras teológicas nos proveen el trasfondo para las declaraciones que hemos hecho acerca de la verdadera persona de Dios:

1. La Inmanencia de Dios: Dios está asombrosamente cerca de todos nosotros. Dios no está más allá de la estrella más lejana; está tan cerca como nuestro siguiente latido de corazón, no sólo nos observa, está con nosotros.
2. La Omnipresencia de Dios: Dios está en todo lugar (omni= todo+ presente). Su presencia llena el universo. Dios está en todo lugar al mismo tiempo.
3. Omnisciencia de Dios: Dios sabe todo (omni = todo + ciencia = saber). Dios conoce todo lo que ha sucedido, está sucediendo o sucederá. Sabe lo que voy a pensar antes de que lo piense.
4. Dios es Omnipotente: Dios es todopoderoso (omni = todo + potente). Dios tiene el poder para hacer todo - todo- lo que Él quiera ¡inmediatamente!

Para resumirlo en una palabra, la gente ve a Dios como ______________, la verdad es que es un Dios ________________.

La manera principal en la que vemos a Dios como a un ser relacional

Jesús nos enseñó que llamáramos a Dios "nuestro _________".

Dios se relaciona con nosotros como un Padre perfecto:

1. Nuestro Padre está dispuesto a hacer _________ Dios envió a su Hijo al mundo para que muriera como nuestro salvador (Juan 3:16; 1 Juan 4:14).
2. Nuestro Padre tiene _________ y amor por sus hijos (Salmo 103:13; 2 Cor. 1:3).
3. Nuestro Padre ________ a sus hijos (Proverbios. 3:12).
4. Nuestro Padre conoce nuestras necesidades aún antes de que le pidamos (Mateo. 6:8; 7:9-11)
5. Nuestro Padre nos _____________ (Mateo. 6:20; Hebreos. 11:6).
6. Nuestro Padre nos hace sus herederos (Rom. 8:15-17).

7. Nuestro Padre nos _______ (2 Tesalonicenses. 2:16-17).
8. Nuestro Padre no tiene _____________ de entre sus hijos.
   - Nos da acceso a todos (Efesios. 2:18).
   - Nos bendice ricamente a todos (Romanos. 10:12).
   - Juzga a cada persona imparcialmente(1Pedro 1:17).

Jesús nos dijo: "Todo el que _____ ha visto, ha visto al padre (Juan14:9).

Perspectivas personales clave.

Puedes tener problemas para ver a Dios como un Padre, por el padre terrenal con el que creciste. Una de las cosas más liberadoras que puede sucederte es comenzar a ver a Dios como el Padre que nunca tuviste, el que puede cumplir todo lo que tu padre terrenal nunca pudo.

(Ora teniendo en cuenta tu necesidad, y añade a la oración lo que necesites de acuerdo a tus requerimientos.)

Dios, Ahora te acepto como mi Padre, el que nunca tuve. Mi padre me decepcionó, pero sé que tú nunca lo harás. Nunca conocí a mi padre terrenal, pero tú deseas conocerme. Fui herido por mi padre terrenal, pero por ti he sido sanado. Mi padre terrenal me ignora, pero tú me das atención constante y total. Nunca llegué a cumplir las expectativas de mi padre en la tierra, pero contigo me siento libre de las expectativas. En tu gracia. Amén.

Tal vez tuviste un padre terrenal que sin ser perfecto, te dio el tipo de amor que te encaminó a hallar una relación con Dios a través de Jesucristo. Entonces ora,

Gracias Señor por mi padre terrenal. Sé que no fue perfecto en su crianza, pero fue bueno y un hombre de carácter. Él tomó decisiones en su vida que me ayudaron un poquito a ver cómo eres tú, decisiones que me facilitaron conocerte. Gracias por el regalo que me diste. Amén.

Actuando en la Verdad

La verdad puede parecer fría y distante hasta que podamos descifrar la manera en la que cabe en nuestras vidas. ¿Cómo puede la verdad acerca de la realidad de Dios, afectar tu vida personal? ¡Adora!

Adorar es actuar como si Dios fuera tu Padre. Pero no te equivoques, Él es tu Padre, si ya has puesto tu fe en Jesucristo. El problema es que a menudo no actuamos como hijos. Dios se convierte en un amigo distante, en un terrible tirano (Dios nos libre), o en un socio. Pero Dios es tu Padre celestial. Aquí hay algunas ideas de cómo puedes actuar en esa verdad; puedes probar algunas en esta semana.

¿Recuerdas nuestro ejemplo del dedal frente el océano al iniciar este estudio? No estarás satisfecho con el dedal ¿verdad? ¡Métete, inúndate! Sumérgete en la grandeza de Dios.

1. Antes de la siguiente sesión, lee los siguientes pasajes de la Biblia, en los que Dios habla de su realidad. Al leer, enfócate en escuchar a Dios. Escúchalo hablando personal y directamente contigo.

   "Ustedes son mis testigos -afirma el SEÑOR-, son mis siervos escogidos, para que me conozcan y crean en mí, y entiendan que yo soy. Antes de mí no hubo ningún otro dios, ni habrá ninguno después de mí."

   -Isaías 43:10 (NVI)

   "¡Vean ahora que yo soy único! No hay otro Dios fuera de mí. Yo doy la muerte y devuelvo la vida, causo heridas y doy sanidad. Nadie puede librarse de mi poder".

   -Deuteronomio 32:39 (NVI)

   "para que sepan de oriente a occidente que no hay ningún otro fuera de mí. Yo soy el SEÑOR, y no hay ningún otro...¡Destilen, cielos, desde lo alto! ¡Nubes, hagan llover *justicia! ¡Que se abra la tierra de par en par! ¡Que brote la *salvación! ¡Que crezca con ella la justicia! Yo, el SEÑOR, lo he creado".

   -Isaías 44:6, 8 (NVI)

2. Concéntrate en el poder de Dios mientras recuerdas algunas de las cosas significativas que Él ha hecho en tu vida.

   No necesitas tener una maestría en historia para ver la obra de Dios en la historia humana. Toma en cuenta que toda la historia está dividida por la vida de Cristo. Considera además, cómo la historia ha mostrado, que aún el más poderoso de los gobernantes humanos sube para volver a caer. Toma un pedazo de papel y úsalo para completar la frase. "Dios, puedo ver tu control sobre la humanidad cuando ..."

   Ahora termina la oración "Dios puedo ver tu control sobre mi vida cuando ..."

3. Considera la belleza y creatividad de Dios mientras cierras tus ojos y te refieres a algo que Dios hizo! Aún mejor, podrías salir y verlo.
4. Jesús nos enseñó a llamar a Dios: Abba". Esta palabra Abba, es el nombre íntimo de Dios, el que usaría un pequeño niño, como nuestra palabra Papi En tus oraciones semanales intenta usar estas palabras. (No pienses que es irreverente; es una palabra que expresa mejor tu íntima conexión y dependencia de Dios.)
5. A algunas personas les ayuda imaginar que ya están en la presencia de Dios, y esto les facilita adorar. Imagina a Dios como tu padre, imagínalo corriendo hacia ti, tomando tu rostro cariñosamente entre sus manos, y preguntándote: "¿Qué quisieras que haga por ti en esta semana".[6]

Puedes comenzar a trabajar en la tarjeta de memorización no. 2, "La verdad acerca de Dios."

Preguntas de Discusión

1. Cuando pensamos en Dios, ¿qué imagen viene a tu mente? ¿Cómo es esa imagen?
2. ¿Qué cosa te hace pensar que Dios está en la habitación contigo? ¿Qué te hace sentir a Dios de manera más real: ver lo que Él ha hecho, estar en la iglesia o la lectura de la Biblia? ¿O quizá la revisión de la historia humana?
3. Revisar la lista de ideas populares acerca de Dios frente a las verdades. En esta lista, ¿cuál de estas ideas sería potencialmente más dañina? ¿Qué verdad es la más difícil de aceptar (tal vez por la enseñanza o la cultura en la que hemos crecido)?
4. ¿Hay alguna parte de este estudio que no estuvo suficientemente clara? ¿Qué pregunta ha tenido que no fue respondida cabalmente?
5. ¿Qué hay en el amor de Dios que nos ayuda a verlo como un Padre perfecto? ¿Cómo ha mostrado Dios su amor hacia ti? Para obtener ideas, revisa la lista de las ocho maneras en las que Dios satisface nuestras necesidades como un Padre amoroso.

Respuestas de los espacios en blanco.

creatividad
huella digital
acciones
se revela a sí mismo
su creación
su Palabra
su Hijo
cerca
cada detalle
perdonar

inalcanzable
relacional
Padre
Sacrificios
compasión
guía
recompensa
anima
favoritos
me

Dios
2ª parte

Metas Transformadoras.

Desarrollar un sentido de asombro acerca de lo que Dios a hecho, tomando tiempo para conocerlo.

En este estudio, nos enfocaremos en las tres características que hacen única a la persona de Dios.

En el último estudio, vimos en su expresión más clara, que Dios es un Dios personal: La realidad es que Dios es nuestro Padre. Ahora nos enfocaremos en tres aspectos adicionales de la persona de Dios que todos necesitamos comprender. Si Dios hiciera un test de personalidad, no podría ser descrito ni limitado por términos como "sanguíneo," "dominante," o "introspectivo." Las siguientes tres características son únicas de la persona de Dios.

Dios existe como ______________

Una palabra fresca

Trinidad.

Dios es tres en uno-Padre, Hijo y Espíritu Santo. No son tres dioses, ni tampoco es un sólo Dios actuando en tres diferentes maneras. La Biblia nos dice que Dios es tres diferentes personas y a la vez una, en un sólo Dios.

Figuras y declaraciones referentes a la Trinidad.

La doctrina de la Trinidad no se encuentra en un solo versículo de la Biblia, se halla en un estudio completo de toda la Biblia.

La figura que para San Patricio representa mejor la Trinidad es un trébol de tres hojas.

Algunos utilizan la figura de los tres estados del agua: sólido, líquido y gaseoso. El agua bajo presión, en un vacío y a una temperatura determinada, existe simultáneamente como hielo, gas y líquido, y aunque es indefinible, siempre será agua (H_2O), en su naturaleza básica. En física, esto es lo que se denomina "los tres estados del agua".

Otros prefieren una figura mucho más simple, ¡un helado napolitano! Tres sabores que son distintos y separados, aunque todos constituyen el helado napolitano.

> "Cuando comencé a estudiar la Biblia, años atrás, la doctrina de la Trinidad era uno de los problemas más complejos con los que me encontré. Nunca lo resolví por completo, porque tiene su lado misterioso. Y aunque aún no lo comprendo en su totalidad hasta este día, lo acepto como una revelación de Dios".[1]
>
> -Billy Graham

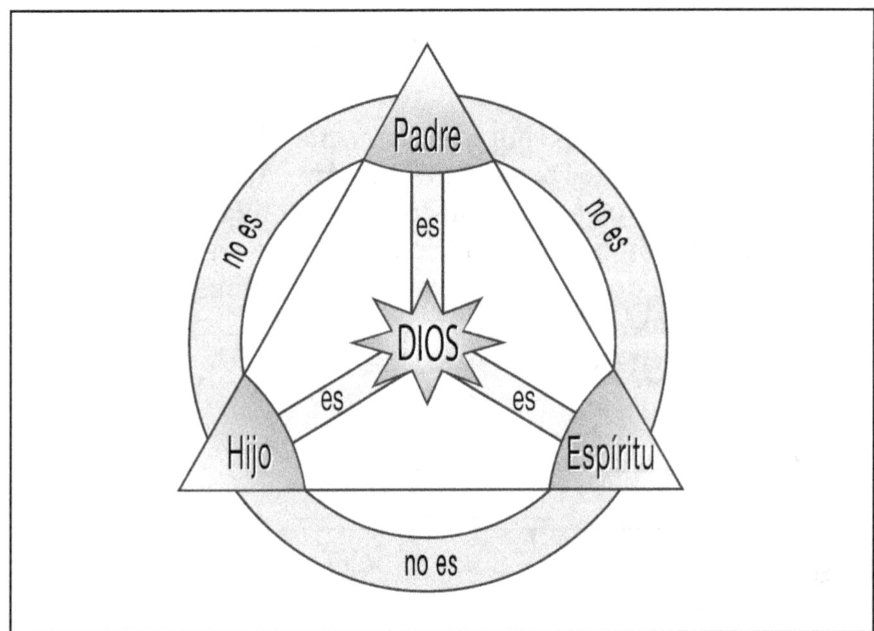

En relación a la verdad de la Trinidad, la Biblia dice que...

1. Dios es ________.

   "Escucha, Israel: El SEÑOR nuestro Dios es el único SEÑOR".

   -Deuteronomio 6:4 (NVI)

   "Recuerden las cosas pasadas, aquellas de antaño; yo soy Dios, y no hay ningún otro, yo soy Dios, y no hay nadie igual a mí".

   -Isaías 46: 9 (NVI)

2. Padre, Hijo, y Espíritu son llamados Dios.

   - El Padre es Dios.

     "Que Dios nuestro Padre y el Señor Jesucristo les concedan gracia y paz".

     -Romanos 1:7 (NVI)

- Jesús es Dios.

  "-¡Señor mío y Dios mío! -exclamó Tomás".

  -Juan 20:28 (NVI)

  "En el principio ya existía el *Verbo, y el Verbo estaba con Dios, y el Verbo era Dios".

  -Juan 1:1 (NVI)

- El Espíritu es Dios.

  "Y yo le pediré al Padre, y él les dará otro *Consolador para que los acompañe siempre: el Espíritu de verdad, a quien el mundo no puede aceptar porque no lo ve ni lo conoce. Pero ustedes sí lo conocen, porque vive con ustedes y estará en ustedes".

  -Juan 14:16-17 (NVI)

  "Ananías -le reclamó Pedro-, ¿cómo es posible que Satanás haya llenado tu corazón para que le mintieras al Espíritu Santo... ? ¡No has mentido a los hombres sino a Dios!"

  -Hechos 5:3-4 (NVI)

3. Padre, Hijo y Espíritu son ______________ entre sí.

   Jesús es diferente del Padre. (Oró al Padre en Juan 17).

   El Espíritu es distinto del Padre (Juan 14:26).

   El Hijo es distinto del Espíritu (Juan 14:16-17).

La conclusión es: Dios es uno en existencia, pero existe en tres personas.

Destellos de la Trinidad.

- Dios hablando de sí mismo como "__________" en cuatro lugares del Antiguo Testamento (Gen. 1:26; 3:22; 11:7; Isa. 6:8).
- Las tres personas involucradas en la Creación (el Espíritu Gen. 1:2; El Padre-Heb. 1:2; el Hijo-Col. 1:15-16).
- Somos __________ en el nombre del Padre, del Hijo y del Espíritu Santo (Mateo 28:19).
- Las tres personas estuvieron en el ________ de Jesús (Marcos 1:10-11) y en el ________________________ de Jesús' (Lucas 1:35).
- La Biblia nos dice que las tres personas tenían el poder que reposaba sobre la ______________ de Jesús en Juan 2:19, Jesús dijo que Él mismo levantaría su cuerpo. En Romanos 8:11 se nos dice que el Espíritu Santo levantó a Jesús. En Hechos 3:26 se menciona que el Padre levantó de la muerte al Hijo. Esto tiene sentido solo si comprendemos el sentido de la Trinidad. Solo Dios puede levantar a alguno de la muerte.

- La oración de Pablo en 2 Corintios 13:14: "Que la gracia del Señor Jesucristo, el amor de Dios y la comunión del Espíritu Santo sean con todos ustedes".
- Jesús prometió a sus discípulos en Juan 14:16-17, que Él mismo pediría al Padre que enviara un consolador, el Espíritu Santo.

Perspectiva personal clave.

¿Por qué es esto tan importante?

Hemos tomado un buen tiempo para enfocarnos en estas figuras, pruebas y destellos de la Trinidad. Tal vez te estés preguntando: ¿por qué? Si no debemos conocer la verdad acerca de la Trinidad para ser salvos ¿Por qué estudiar esto?

Teológicamente: El comprender la verdad de la Trinidad nos previene de asumir perspectivas inadecuadas de Dios.

Nos previene de ver a Jesús y al Espíritu como algo menos que a Dios; de ver a Jesús y al Padre como si fueran lo mismo; y de creer que son tres dioses en lugar de uno solo.

Una de las tentaciones inevitables que como humanos tenemos, es ver a Dios como menos de lo que Él es. La realidad de la Trinidad nos ayuda a resistir esta tentación.

Personalmente: La Trinidad es un recordatorio de la majestad y misterio del Dios que se dió a sí mismo para salvarnos en la cruz.

Confías en la verdad de la Trinidad:

- Cuando buscas salvación (el espíritu convence-Juan 16:8; el sacrificio es del Hijo-Heb. 10:10; el Padre nos lo da-Juan 3:16).
- Siempre que oras (El Espíritu comunica -Rom 8:26; Jesús intercede-Rom. 8:34; el Padre responde-Juan 16:23-24).

Relacionalmente: La Trinidad nos muestra que Dios mismo en su esencia es relacional.

Incluso antes de crearnos, existía una perfecta relación entre Dios Padre, Hijo y Espíritu. Dios no necesitaba crearnos para tener alguien con quien relacionarse, por que Él ya tenía una relación perfecta en la Trinidad. Nuestra habilidad para relacionarnos unos a otros y disfrutar nuestra relación con Dios, crece de la naturaleza relacional de Dios.

Dios es absolutamente ________________

La soberanía no se refiere a una actitud de Dios sino a la realidad de quién es Dios. Dios no es uno que tiene una personalidad dominante; Dios es una persona absolutamente dominante. Dios no es un controlador. Él está en absoluto control de todo. Dios no necesita tomar autoridad, Dios siempre está a cargo.

1. Dios es más grande que todo lo que existe en su creación: Dios es ____________________.

   "Pero ¿será posible, Dios mío, que tú habites en la tierra? Si los cielos, por altos que sean, no pueden contenerte, ¡mucho menos este templo que he construido!".

   -1 Reyes 8:27 (NVI)

   "un solo Dios y Padre de todos, que está sobre todos y por medio de todos y en todos".

   -Efesios 4:6 (NVI)

   - Él es más grande que el tiempo (Isa. 57:15; Deut. 33:27; Salmo. 90:2).
   - Él es más grande que un lugar físico (Salmo. 139:7-10; Jer. 23:23; Hechos 17:24-28).
   - Él es mayor que las circunstancias (Santiago 1:17; 1 Sam. 15:29; Mal. 3:6).

   Nada ______________ a Dios (Salmo 139:2-4).

2. Dios nunca necesita permiso o ayuda: Él es ________________.

   "ni se deja servir por manos humanas, como si necesitara de algo. Por el contrario, él es quien da a todos la vida, el aliento y todas las cosas".

   -Hechos 17:25 (NVI)

   "Respondo: ¿Quién eres tú para pedirle cuentas a Dios?¿Acaso le dirá la olla de barro al que la modeló:¿Por qué me hiciste así?"

   -Romanos 9:20 (NVI)

3. Dios puede hacer todo lo que quiera: Es ________________.

   "Él determina el número de las estrellas y a todas ellas les pone nombre. Excelso es nuestro Señor, y grande su poder; su entendimiento es infinito".

   -Salmo 147:4-5 (NVI)

   En la Biblia se menciona que Dios es todopoderoso cincuenta y seis veces.

Una palabra fresca

Por sólo un momento, pensemos nuevamente en las palabras que hemos usado para describir a Dios. Estas palabras son a menudo mal entendidas. Nos han llevado a conceptos de que Dios es impersonal.

Esto no debería ser una sorpresa, tomando en cuenta que una de las metas de Satanás, es torcer y degradar el nombre y la persona de Dios, con el fin de disminuir el impacto de la palabra de Dios en el mundo y en nuestras vidas. Satanás es la cabeza de una campaña de difamación en contra de Dios y su carácter. Esta es la verdad acerca de algunas de las palabras que comúnmente usamos para describir a Dios.

"Santo" no significa que Dios sea quisquilloso o este buscando juzgarnos. Ser santo, significa literalmente: estar separado y ser distinto. Ser santo, significa que Dios tiene una integridad perfecta. En realidad, Dios es el único ser en el universo que tiene una integridad perfecta.

"Eterno", no significa que Dios esté tan viejo o pasado de moda como para no entendernos. Dios siempre ha existido. No está sujeto al tiempo, y puede ver la historia completa, todo al mismo tiempo.

"Trascendente", no significa que Dios no pueda comprender nuestras necesidades y heridas. Tampoco quiere decir, como insinúa una canción, que nos observa distante. El hecho es que Dios, aunque está sobre y más allá de su creación, no está fuera de ella. Dios es trascendente (sobre y más allá de su creación) También es inmanente (dentro de su creación).

"Todopoderoso", no significa que Dios hace lo que quiere sin considerar el impacto sobre nosotros. Dios usa su poder para crear y amar su creación.

“Omnisciente”, no significa que Dios es un tipo de Gran Jefe Cósmico que observa y juzga a todos pero nunca se preocupa en realidad por nosotros. Sabemos que como seres humanos, somos incapaces de ver todo el dolor que hay en el mundo sin que de alguna manera nos volvamos indiferentes a todo eso. Pero Dios no es así. Él puede ver todo lo que sucede y aún así preocuparse profundamente por ello.

Dios es ____________________

"Dios es bueno, todo el tiempo.

"Siempre, Dios es bueno".

- Él actúa en _____________ (Lev. 11:44; Isa. 6:1-3).

  "El año de la muerte del rey Uzías, vi al Señor excelso y sublime, sentado en un trono; las orlas de su manto llenaban el templo. Por encima de él había serafines, cada uno de los cuales tenía seis alas: con dos de ellas se cubrían el rostro, con dos se cubrían los pies, y con dos volaban. Y se decían el uno al otro:

  > Santo, santo, santo es el SEÑOR.
  > Todopoderoso; toda la tierra está llena de su gloria".

  -Isaías 6:1-3 (NVI)

- Se relaciona en _________ (Éxodo 34:6; Lamentaciones. 3:22; Santiago 5:11).
- Dios es ___ y es digno de nuestra confianza (Salmo. 36:5; Heb. 10:23).
- Su _________ no tiene igual (Salmo. 34:8; 2 Pedro 1:3).
- Su ________ es imparcial y correcta (Isaías. 30:18; Lucas 18:7-8).
- Dios reacciona al pecado con _______ (Gen. 6:5-8; Rom. 2:5-9; 1 Tes. 2:16).
- Dios es ________ (1 Juan 4:7-11; Juan 3:16).

Perspectiva personal clave.

La Biblia habla a menudo acerca de la naturaleza de Dios en términos de un reto personal para nosotros. Fuimos creados a su imagen (Gen. 1:27). Lo que Dios es en términos de carácter es como nosotros deberíamos llegar a ser. Algunos de los atributos de Dios son sólo de Él, tales como su omnipotencia o su eternidad, pero estamos para reflejar a Dios en nuestras vidas. ¿Cómo puede suceder esto? Aquí se aplica una simple verdad de la naturaleza humana: nosotros llegamos a parecernos a aquellas personas con las que pasamos la mayor parte de nuestro tiempo. Cuando paso tiempo con Dios, inevitablemente me volveré como Él.

¡Su persona da poder a mi carácter!

Termina memorizando la tarjeta para memorizar no. 2, "La verdad acerca de Dios". Si inviertes algo de tiempo cada semana memorizando estas verdades, incrementarás tu habilidad para aplicarlas en tu vida diaria. Además, podrás compartirlas más claramente con otras personas.

Apéndice.

Teología de la Trinidad.

Introducción.	La palabra Trinidad no se usa en la Biblia; es más correcto hablar de la Doctrina de la Trinidad. Aunque no está explícitamente enseñada en las Escrituras, el trinitarismo es la mejor explicación [explicación detallada] de la evidencia bíblica. Es una doctrina crucial del cristianismo porque se enfoca en quien es Dios, y particularmente en la deidad de Jesucristo. Dado que el Trinitarismo no se enseña explícitamente en las Escrituras, el estudio de la doctrina es un ejercicio que reune varios datos y temas bíblicos, a través de un estudio teológico sistemático, a lo cual se añade la observación del desarrollo histórico que desemboca en la presente visión ortodoxa de la Trinidad.	
Elementos Esenciales De la Trinidad	Dios es Uno. Cada una de las personas dentro de la Trinidad es una deidad. El hecho de que Dios sea uno y tres a la vez no es contradictorio. La Trinidad (Padre, Hijo, y Espíritu Santo) es eterna. Cada una de las personas de Dios tiene la misma esencia y no es ni superior ni inferior a las otras en esencia. La Trinidad es un misterio que nunca podremos comprender completamente.	
Enseñanza Bíblica	Antiguo Testamento	Nuevo Testamento
Dios es Uno Dios	"Escucha Oh Israel: El Señor nuestro Dios, El Señor es uno"(Deut. 6:4; cf. 20:2-4; 3:13-15)	"Al único Rey eterno, immortal, invisible, el único Sea honor y gloria por siempre y siempre. Amen" (1 Tim. 1:17; cf. 1 Cor. 8:4-6; 1 Tim. 2:5-6; Santiago 2:19).
Tres Distintas Personas como Deidad	El Padre: "Me dijo, 'Tú eres mi Hijo; ahora he llegado a ser tu Padre '" (Ps. 2:7).	"... quienes han sido escogidos de acuerdo a la predestinación de Dios el Padre" (1 Pedro 1:2; cf. Juan 1:17; 1 Cor. 8:6; Fil. 2:11).
	El Hijo: "Me ha dicho, 'Tú eres mi Hijo; ahora yo soy tu Padre'" (Salmo 2:7; cf. Heb. 1:1-13; Salmo. 68:18; Isa. 6:1-3; 9:6).	"Cuando Jesús fue bautizado, salió del agua. En ese momento los cielos se abrieron y Él vio al Espíritu de Dios descendiendo del Cielo como paloma y posarse sobre Él. Y una voz dijo desde el cielo, 'Este es mi Hijo amado, estoy muy complacido con Él'" (Mat. 3:16-17).
	El Espíritu Santo: "En el principio Dios creó los cielos y la tierra.... Y el Espíritu Se movía sobre las aguas" (Gen. 1:1-2; cf. Ex. 31:3; Jueces. 15:14; Isa. 11:2).	"Luego Pedro dijo, 'Ananías, cómo es posible que Satanás haya llenado tu corazón para que mintieras al Espíritu Santo.... ? No has mentido a los hombres sino a Dios'" (Hchs 5:3-4; cf. 2 Cor. 3:17).
Pluralidad de Personas.	El uso de pronombres personales apunta a, o por lo menos sugiere la pluralidad de personas dentro de la Trinidad en el Antiguo Testamento. "Luego dijo Dios, 'Hagamos al hombre a nuestra imagen, a nuestra semejanza ...'" (Gen. 1:26).	El uso de la palabra singular "nombre" cuando se refiere a Diosa Dios el Padre, Hijo, y Espíritu Santo indica a la Unidad dentro de la trinidad de Dios. "Vayan y hagan discípulos en todas las naciones, Bautizándolos en el nombre del Padre y del Hijo y del Espíritu Santo". (Mat. 28:19).

Apéndice *cont.*

	Atributo	Padre	Hijo	Espíritu Santo
Personas de la misma Esencia: Atributos aplicados a cada persona	Eternidad	Sal. 90:2	Juan 1:2; Apocalipsis. 1:8, 17	Heb. 9:14
	Poder	1 Pedro 1:5	2 Cor. 12:9	Rom. 15:19
	Omnisciencia	Jer. 17:10	Apocalipsis. 2:23	1 Cor. 2:11
	Omnipresencia	Jer. 23:24	Mateo. 18:20	Sal. 139:7
	Santidad	Apocalipsis. 15:4	Hchs 3:14	Hchs 1:8
	Verdad	Juan 7:28	Apocalipsis. 3:7	1 Juan 5:6
	Benevolencia	Rom. 2:4	Efesios. 5:25	Nehemías. 9:20
Igualdad con roles diferentes: Actividades involucradas	Creación del Mundo	Salmo. 102:25	Col. 1:16	Job 33:4
	Creación del Hombre	Gen. 2:7	Col. 1:16	Gen. 1:2; Job 26:13
	Bautismo de Cristo	Mateo 3:17	Mateo 3:16-17	Mateo 3:16
	Muerte de Cristo	Heb. 9:14	Heb. 9:14	Heb. 9:14

Recurso: Tomado de *Charts of Christian Theology and Doctrine* de H. Wayne House. Copyright © 1992 por H. Wayne House. Usado con permiso de Zondervan.

Preguntas de Discusión

1. ¿Has estado pensando más en Dios como tu Padre en esta semana? Comparte lugares y circunstancias que te hayan recordado que Dios es tu Padre.
2. Comparte lo que has experimentado en los siguientes cuatro ejercicios de adoración del último estudio, mencionados a continuación.
   - Luego de leer los pasajes de la Escritura en los que Dios habla acerca de su propia realidad ¿Qué verdades te impactaron?
   - Tomando el tiempo para concentrarte en el poder y control de Dios, recuerda algunas de las cosas significativas que Dios ha hecho en tu vida, ¿Qué es lo que recuerdas?
   - ¿Qué escribiste acerca de cómo se puede ver la mano de Dios en la historia humana?
   - Comparte con el grupo tus experiencias al tomar el tiempo para considerar la belleza y creatividad de Dios, pensando u observando más de cerca su creación.

3. Es fácil reaccionar a la enseñanza acerca de la Trinidad con un sentimiento de, "A quién le importa eso...si sé que Jesús me ama." ¿Cómo te ha ayudado este estudio a comprender que la verdad acerca de la trinidad es importante?
    - ¿Qué falsas enseñanzas acerca de Dios combate la enseñanza de la Trinidad?
    - ¿Cómo puede (o podría) ayudarte esta verdad de forma personal?
4. ¿Cómo puede ayudarte a tratar con una situación específica que estés enfrentando ahora mismo, la verdad de que Dios es más que tiempo, espacio o circunstancias?
5. Al llegar al final de nuestra revisión de la persona de Dios,
    - ¿Qué cosa nueva aprendiste de Dios?
    - ¿Qué cosa de las que aprendiste te hace sentir a Dios un poco más cerca, un poco menos distante?
    - ¿Qué de lo aprendido acerca de Dios te hizo reír y te ayudó a disfrutarlo un poco más?
    - ¿Qué de lo que aprendiste te hizo sentir más amado por Dios?
    - ¿Qué de lo que aprendiste de Dios te ayudó a comprender su grandeza de una manera más clara?
    - ¿Qué de lo que aprendiste de Dios, aumentó tu deseo de dedicar tu vida a Él?
6. Las formas en que Dios actúa con nosotros son una guía obvia para que conozcamos la forma en que Dios desea que actuemos con los demás. Si no podemos tener muchas de las características de Dios (nadie de nosotros es todopoderoso o perfecto), todos podemos desarrollar más del carácter de Dios (compasión, amor, bondad, perdón) y desplegar estas virtudes al mundo que está alrededor de nosotros.

    Dios desea que su carácter sea demostrado al mundo. Una de las formas en las que expresamos nuestra fe como creyentes es orando para que ese carácter sea revelado a través de nosotros en este mundo. Usa las siguientes preguntas para desarrollar una lista de oración que será parte de tu "lista grupal de oración". Una de las cosas más emocionantes que pueden experimentar como grupo es la forma en que Dios puede responder muchas de sus oraciones incluidas en esta lista.
    - ¿En que cosas te gustaría que la gente reconociera la compasión de Dios en tu vida?
    - ¿Quién esperas que se involucre en adquirir la sabiduría de Dios?
    - ¿Con quién o en qué esperas que Dios te dé más paciencia?
    - ¿Qué relación quisieras que Dios arregle?

(Sean específicos con sus peticiones de oración. Si tu preocupación es por tu hermana, no digas "mi familia". Permite al grupo entrar en los detalles de aquello por lo que quisieras que oren.)

Para profundizar en el estudio

Elwell, Walter, ed. *Análisis Tópico de la Biblia.* Grand Rapids, Mich.: Baker, 1991.

Little, Paul. *Conoce lo que crees.* Wheaton, Ill.: Victor, 1987.

Packer, J. I. *Conociendo a Dios.* Downers Grove, Ill.: InterVarsity Press, 1973.

Rhodes, Ron. *El corazón del cristianismo.* Eugene, Ore.: Harvest House, 1996.

Sproul, R. C. *El carácter de Dios.* Ann Arbor: Vine, 1982.

Tozer, A. W. *La Búsqueda de Dios.* Camp Hill, Penn.: Christian Publications, 1982.

Zacharias, Ravi. *¿Puede el hombre vivir sin Dios?* Nashville: Word, 1994.

Respuestas a los espacios en blanco

trinidad
uno
distintas
nosotros
bautizados
bautismo
nacimiento/anuncio del nacimiento
resurrección
soberano
trascendente
sorpresas
todo-suficiente
todopoderoso
perfectamente moral
santidad
compasión
fidelidad
bondad
justicia
ira
amor

Jesús

1ª parte.

Metas Transformadoras.

- Capacitarte para que llegues a conocer a tu mejor amigo, Jesucristo, mejor de lo que nunca lo has hecho.
- Animarte para que vivas basado en la verdad de que Jesús es tu mejor amigo de una manera específica.

El objetivo de este estudio es simple: conocer mejor a Jesús. Quisiera que conozcas a tu mejor amigo, Jesucristo. La enseñanza se centra alrededor de conocer a Jesús de la misma manera en la que conocerías a cualquier otra persona. Primero, conociendo sus nombres, luego comprendiendo la historia de su vida y luego apreciando y disfrutando su personalidad.

¿Por qué es esto importante?

1. Conocer a Jesús es una ________________ de toda la vida.
2. El conocer a Jesús es el _______ continuo de todo creyente.

> "Por medio del conocimiento que tienen de Dios y de Jesús nuestro Señor. Su divino poder, al darnos el conocimiento de aquel que nos llamó por su propia gloria y potencia, nos ha concedido todas las cosas que necesitamos para vivir como Dios manda".
>
> -2 Pedro 1:2,3 (NVI)

Los nombres de Jesús.

Una de las primeras formas en las que conocemos a otra persona es aprendiendo su nombre. Esto no es una tarea simple cuando hablamos de Jesús. El Análisis Tópico de la Biblia de Elwells, lista 184 diferentes nombres para Cristo en la Biblia.[2]

Recuerda, un nombre nos ayuda a identificar a alguien. Los nombres de Jesucristo nos ayudan a identificar quién es ÉL.

Una palabra fresca

El nombre de una persona

En la Biblia, los nombres tienen más significado que lo que tienen hoy en día. Un nombre era el indicador de tres características de una persona:

1. Su propósito, 2. Su posición, y 3. Su promesa

- El ángel dijo a María: Jesús (Lucas 1:31).

  Jesús significa "salvación de Dios."
- Los ángeles dijeron a los pastores (Lucas 2:11):
- Salvador mostrando el ____________ de Jesús.
- Cristo: mostrando la ____________ de Jesús.
- Señor: mostrando la ____________ de Jesús.

Jesucristo, ahora quisiera comenzar una relación contigo, no quiero sólo saber de ti; quiero conocerte personalmente. Te pido que me perdones por las cosas malas que he hecho. Quisiera que me enseñes cómo vivir. Escojo en este día comenzar a vivir bajo tu guía y dirección. No sé todo lo que esto implicará, pero confío en que tú me muestres el camino. En el nombre de Jesús, amén.

Perspectiva personal clave.

La Biblia hace mucho más que tan solo dar una lista de los nombres de Jesús, ¡nos habla del poder de sus nombres!

Ciertos nombres tienen poder. Haz a continuación, una lista de algunos nombres asociados con el poder, la autoridad o la influencia.

1. El nombre de Jesús está sobre todo nombre (Fil. 2:9-11).

   "Por eso Dios lo exaltó hasta lo sumo y le otorgó el nombre que está sobre todo nombre, para que ante el nombre de Jesús se doble toda rodilla en el cielo y en la tierra y debajo de la tierra, y toda lengua confiese que Jesucristo es el Señor, para gloria de Dios Padre".

   -Filipenses 2:9-11 (NVI)

2. Como creyentes, ¡vivimos en su Nombre!

   Somos ungidos (Santiago 5:14),
   perdonados (1 Juan 2:12),
   bautizados (Hechos 10:48),
   y justificados en su Nombre (1 Cor. 6:11).

   Nos reunimos en su Nombre (1 Cor. 5:4),
   Descansamos en su Nombre (1 Pedro 4:16),
   Creemos en su Nombre (Juan 1:12),
   Y nos llamamos en su Nombre (1 Cor. 1:2).

   En su Nombre damos gracias (Efesios. 5:20),
   Tenemos vida (Juan 20:31),
   predicamos (Hechos 8:12),
   hablamos (Hechos 9:28),
   y sufrimos (Hechos 21:13; 1 Pedro 4:16).

   Hacemos todo en su Nombre (Col. 3:17).

Los detalles de la vida de Jesús.

La vida de Jesús no comenzó con su nacimiento ni terminó con su muerte. Veremos ahora la vida de Jesús antes, durante y después de que estuvo aquí en la tierra. Si trazáramos una línea de tiempo de la vida de Jesús, su tiempo en la tierra sería solo un punto en el medio de una línea eterna. Nosotros la vemos como la parte más larga, pero en términos de tiempo real, es la parte más corta.

¿Qué hizo Jesús antes de nacer?

El Cristo pre-encarnado

- EL siempre existió: Él es eterno (Miqueas. 5:2; Juan 8:57-58).

  ¿Qué hizo antes de nacer en este mundo? Ciertamente mucho másque esperar sentado en el cielo ese día.

- El ________ el universo (Col. 1:16).

  Uno de los "pequeños" trabajos que hizo Jesús antes de su nacimiento terrenal fue el universo en el que nacería (Col. 1:16).

- El __________ a las personas.

  ¿Creó Jesús la tierra para luego tener que esperar a Belén para conectarse nuevamente con nosotros de una manera directa? No. Un acercamiento a la Biblia revela que antes de que Jesús naciera, Él ministraba directamente a la gente en el mundo.

  La gente que Jesús ministró:

  1. Agar (Gen. 16:7-14):

     "Allí, junto a un manantial que está en el camino a la región del Sur, la encontró el ángel del SEÑOR y le preguntó: -Agar, esclava de Saray,

¿de dónde vienes y a dónde vas? -Estoy huyendo de mi dueña Saray - respondió ella. Vuelve junto a ella y sométete a su autoridad -le dijo el ángel-. "De tal manera multiplicaré tu descendencia, que no se podrá contar."

-Génesis 16:7, 9-10 (NVI)

2. Moisés (Ex. 3:2-14):

"Estando allí, el ángel del SEÑOR se le apareció entre las llamas de una zarza ardiente..... Cuando el SEÑOR vio que Moisés se acercaba a mirar, lo llamó desde la zarza: -¡Moisés, Moisés!"

-Éxodo 3:2, 4 (NVI)

3. Gen. 18:1-2; 22:11-12):

"El SEÑOR se le apareció a Abraham junto al encinar de Mamré,..... Abraham alzó la vista, y vio a tres hombres de pie cerca de él".

-Génesis 18:1-2 (NVI)

Una palabra fresca

El Ángel del Señor.

Varias veces, en el Antiguo Testamento, una figura llamada "el ángel del Señor" aparece a las personas. Pero es evidente que es mucho más que un ángel. Se habla de Él en términos que lo relacionan mucho más con Dios mismo. No hay una referencia bíblica respecto a la identidad del Ángel del Señor, pero la gran mayoría de los maestros de la Biblia lo ven como apariciones de Cristo en la tierra, antes de su nacimiento como humano. No, no se veía como Jesús de Nazaret. Tampoco era un hombre como lo era cuando nació en Belén. Simplemente tomó la apariencia de un hombre.

En Génesis 16, el ángel que Agar vio le dijo que multiplicaría su descendencia; solo Dios diría algo así. Y Agar reconoce a este ángel como "el Dios que me ve". La propia Biblia se refiere a Él como "el Señor le habló."

En Éxodo 3 se nos dice, "El ángel del Señor se le apareció entre las llamas de una zarza...Dios lo llamó desde el arbusto ¡Moisés! ¡Moisés! Y Génesis 18:1-2 nos dice que el Señor se le apareció a Abraham, también en forma humana.

La Vida de Jesús en la tierra.

Una historia corta.

Aunque Jesús es eterno, estamos más familiarizados con los 33 cortos años que caminó sobre esta tierra. Una parte del ser amigo de otra persona, es conocer ciertos hechos de él o ella: dónde nació, relaciones importantes, eventos memorables, y otros. ¿Cómo calzan las historias de la vida de Jesús en la historia total de su vida? Al examinar los eventos de la vida terrenal de Jesús, tenemos la oportunidad de conocerlo mejor.

Una vista a la vida de Jesús en seis grandes períodos

1. La ______________ de Jesús

   Comienzo: su nacimiento (Mat. 1-2; Lucas 1:1-2:38)

   Final: Jesús en el templo (Lucas 2:41-50)

   Eventos Significativos:
   Dedicación de Jesús en el Templo (Lucas 2:22-39)
   Huída a Egipto (Mateo 2:13-23)
   Visita al templo a la edad de doce años (Lucas 2:41-50)

"Los años silenciosos" de la vida de Jesús

- Jesús creció como cualquier niño debía crecer.

  Jesús siguió creciendo en sabiduría y estatura, y caa vez más gozaba del favor de Dios y de toda la gente.

  —Lucas 2:52

- Su madre, María, estuvo con él en su nacimiento (¡por supuesto! Lucas 2:7), en su muerte (Juan 19:25), fue testigo de su resurrección y del comienzo de la iglesia el día de Pentecostés (Hechos 1:14; 2:1).
- Su padre, José, probablemente murió en algún momento del período que va entre la visita al templo y el comienzo de su ministerio público, a la edad de 30 años. José no se vuelve a mencionar luego del incidente en el templo; sin embargo, María está con Jesús en muchas oportunidades. Habría sido algo muy inusual en aquellos días, que María viajara sin su marido, si él estuviera vivo.
- En la familia de Jesús hubo por lo menos siete hijos; Jesús, cuatro medio hermanos, y al menos dos medio hermanas (medio hermanos y medio hermanas porque Dios era el Padre de Jesús, y José era el padre de los demás. Sabemos esto por Mateo 13:55-56 "¿No es este el hijo del carpintero? ¿No es su madre, María, y no son éstos sus hermanos Santiago, José, Simón y Judas? ¿No están sus hermanas con nosotros?"
- Su hermano, Judas escribió uno de los libros del Nuevo Testamento: el libro de Judas.
- Su hermano, Santiago, también escribió uno de los libros del Nuevo Testamento. Adivina su nombre. Claro... ¡Santiago! Judas y Santiago fueron escépticos hasta que vieron a Jesús resucitado (Juan 7:5; Hechos 1:14; 1 Co. 15:7). Santiago fue líder de la iglesia de Jerusalén (Hechos 12:17; 15:13-21).

2. Inicio del ________________ de Jesús

   Cuatro eventos significativos marcan el inicio del ministerio público de Jesús a sus 30 años:

   - El ministerio de Juan Bautista (Marcos 1:1-8; Lucas 3: 1-18)
   - El bautismo de Jesús (Mateo 3:13-17; Marcos 1:9-11)
   - La tentación de Jesús en el desierto (Lucas 4:1-13; Mateo 4:1-11)
   - La transformación del agua en vino (Juan 2:1-11)

3. El ministerio de Jesús en ______________

   Comienzo: Purificación del templo (Juan 2:13)

   Final: Conversación con la mujer samaritana en el pozo (Juan 4:1-42)

   Eventos significativos: Conversación con Nicodemo (Juan 3)

4. Ministerio de Jesús en ______________

   Comienzo: Sanidad del Hijo del hombre noble en Capernaum (Juan 4:46-53)

   Final:

   Declaración de fe de Pedro (Mateo 16:13)

   Transfiguración de Jesús (Mateo 17:1; Lucas 9:28)

   Eventos significativos:

   El Sermón del Monte (Mateo 5-7)

   Llamado de los discípulos (Lucas 5:1-11; Marcos 2:13-14;

   Alimentación de los 5,000 (Mateo 14:13-21; Marcos 6:30-44)

5. Viaje de Jesús a __________________

   Comienzo: Jesús estaba "resuelto a ir a" Jerusalén (Lucas 9:51)

   Final: María unge su cuerpo para la sepultura (Juan 12:1; Mateo 26:6-13)

   Eventos significativos:

   Conflictos con los Fariseos (Lucas 14; Lucas 16:14)

   La Resurrección de Lázaro (Juan 11:1)

   Conoce a Zaqueo en Jericó (Lucas 19:1)

6. La muerte, sepultura y resurrección de Jesús

   Comienzo: La entrada triunfal a Jerusalén (Mateo 21:1-11)

   Final: La ascensión al cielo (Lucas 24:50-51)

   Eventos significativos:

   Purificación del templo, El Jardín de Getsemaní, los juicios (Lucas 19:45-46; Juan 17-18)

   Jesús muere en la cruz (Mateo 27:31-50; Lucas 23:26-46)

   Jesús es enterrado en una tumba (Marcos 15:42-47; Juan 19:38-42)

   Jesús está vivo (Mateo 28:2-15; Marcos16:1-17; Lucas 24:1-7; Juan20:1-18)

Perspectiva personal clave.

Jesús es parte de la historia. En la Enciclopedia Británica, formulando una discusión acerca de algunos escritos de Jesús que están fuera del Nuevo Testamento se hace la siguiente declaración: "Estos registros independientes prueban que en tiempos antiguos, aún los opositores al cristianismo nunca dudaron acerca de la historicidad de Jesús, que se disputó por primera vez en terrenos inadecuados por varios autores al finalizar el siglo 18, durante el siglo 19 y al comenzar el siglo 20". [6]

"Porque tanto amó Dios al mundo, que dio a su Hijo unigénito, para que todo el que cree en él no se pierda, sino que tenga vida eterna".

-Juan 3:16

El Cristo que existe eternamente.

¿ Cómo se ve Jesús?

la evidencia apunta a que Jesús existe en su ____________________________ en el cielo:

- Él ascendió al cielo en cuerpo (Hechos1:9).
- Él regresará en cuerpo (Hechos 1:11).
- Estéban lo vio en cuerpo en el cielo (Hechos 7:55-56).
- Pablo indicó que Jesús tiene ahora un cuerpo glorificado (Fil. 3:21).

¿Qué está haciendo?

- ____________ a la diestra de Dios (Efesios 1:20-22; 1 Pedro 3:22).
- Está ____________ por nosotros (Rom. 8:34).

- Mantiene el ____________ unido (Col. 1:16-17).
- Está ____________ ansiosamente para que estemos con Él (Juan 14:1-3; 17:24).

Actuando conforme a la Verdad.

Jesucristo quiere ser tu mejor amigo. Piénsalo- tu mejor amigo es el que gobierna a la diestra de Dios y quien mantiene al universo junto. Permíteme animarte a disfrutar el hecho de que Jesús es tu amigo en esta semana, escoge actuar como si Él fuera tu mejor amigo. Aquí hay tres formas de hacer esto:

1. Debes decirte a ti mismo, "Él me acepta, aún si no me siento aceptable". Recuérdate a ti mismo durante esta semana que eres amigo de Jesús por su gracia, no porque de alguna forma merezcas esta amistad.
2. Habla con ÉL-como un amigo. Esto es la oración. Por lo menos una vez en esta semana toma unos minutos para decirle a Jesús lo que está sucediendo en tu vida, igual que lo harías con tu mejor amigo. Seguro que Jesús ya conoce lo que te sucede. Pero a ti te cambiará la vida el hablarle como amigo acerca de los que enfrentas cada día.
3. Escúchalo-como a un amigo. Cuando leo la Biblia, estoy leyendo el libro que Jesús me dio. En esta semana, escucha mientras lees. ¿Qué te está diciendo Dios acerca de su amor por ti?

Comienza a trabajar con la tarjeta de memorización no. 3, "La verdad acerca de Jesús".

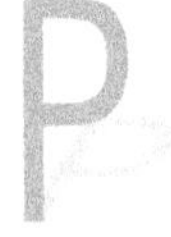

Preguntas de Discusión

1. ¿Qué significa para ti "tener una relación con Jesús"?
2. Cuando llegues al cielo y estés frente a frente con el Jesús eterno:
   - ¿Qué quisieras decirle?
   - ¿Qué te gustaría preguntarle?
   - ¿Qué emociones crees que experimentarías?
3. Esto es lo importante: ¿Qué es lo que nos impide decirle o preguntarle o sentir esas emociones ahora mismo? ¿Qué obstáculo se presenta para sentir que Jesús es nuestro mejor amigo ahora mismo? (habla acerca de las formas en las que podrías haber sobrepasado algunas de esas barreras.)
4. ¿Qué cosa nueva de Jesús has aprendido en este estudio?
5. Al finalizar este estudio vimos tres formas de actuar en la verdad de que Jesús es nuestro mejor amigo durante esta semana: recuérdate a ti mismo esta aceptación de Jesús como amigo, háblale como a un amigo, y escúchalo como a un amigo. ¿Cuál de estos puntos crees que te ayudará mejor a comprender y apreciar mejor tu amistad con Jesús? ¿Por qué?

Respuestas a los espacios en blanco

prioridad
reto
propósito
promesa
posición
creó
ministró
infancia
ministerio
Judea
Galilea
Jerusalén
Cuerpo resucitado
gobernando
orando
universo
esperando

Jesús

2ª parte

Meta transformadora.

Desarrollar una comprensión de la naturaleza de Jesús, como Dios y como hombre, te protegerá de falsas enseñanzas y te dará la confianza para poner en Jesús tus necesidades específicas.

¿Qué significa decir que Jesús es tanto hombre como Dios?

Jesús es ...

- ¿Un hombre que se hizo Dios?
- ¿Dios viviendo dentro de un hombre?
- ¿Dios aparentando ser un hombre?
- Un espíritu al que Dios ordenó que se conviertiera en hombre?
- ¿Totalmente Dios y totalmente hombre?

"En el principio ya existía el *Verbo, y el Verbo estaba con Dios, y el Verbo era Dios".

-Juan 1:1 (NVI)

"En esto pueden discernir quién tiene el Espíritu de Dios: todo profeta que reconoce que Jesucristo ha venido en cuerpo humano, es de Dios"

-1 Juan 4:2 (NVI)

Jesús es Dios.

¿Cómo sabemos que Jesús es Dios?

1. Jesús dijo que era Dios.

"Llamó a Dios su propio Padre, haciéndolo a Él igual a Dios".

-Juan 5:18 (NVI)

"Yo y el Padre somos uno".

-Juan 10:30 (NVI)

"Cualquiera que me ha visto, ha visto al Padre".

-Juan 14:9 (NVI)

"Ciertamente les aseguro que, antes de que Abraham naciera, ¡yo soy!" -
-Juan 8:58 (NVI)

Estoy tratando de evitar que alguien diga acerca de Jesús lo que a menudo dicen, aunque es realmente tonto: "Estoy listo para aceptar a Jesús como un gran maestro de moralidad, pero no acepto que se auto nombre Dios". Esto es algo que no deberíamos decir. Un hombre que es meramente un hombre y dice cosas como las que Jesús dijo, no es sólo un maestro de moral. Puede ser un lunático de los que decimos que tienen rayado el mate o es el mismo demonio del infierno. Debes tomar una decisión. O este hombre fue y es el Hijo de Dios; o fue un loco o algo peor... Puedes tratar de acallarlo como a un tonto, puedes escupirle o llamarlo demonio; o puedes caer a sus pies y llamarlo Dios y Señor. Pero no salgamos con sinsentidos acerca de que Jesús fue un gran maestro humano. Esa no es una opción que Jesús nos haya dejado abierta. No deseó hacerlo. [1]

-C. S. Lewis

Josh McDowell, dice que Jesús es "un mentiroso, un lunático o el Señor". [2]

2. ______________ dijeron que era Dios.

Esto se inició con las profecías acerca del nacimiento de Jesús antes de que estuviera con nosotros

"Y lo llamarán ... Dios Fuerte". -Isaías 9:6 (NVI)

Continúa con los que estuvieron cerca de Él, sus discípulos.

"para que ante el nombre de Jesús se doble toda rodilla en el cielo y en la tierra y debajo de la tierra, 11 y toda lengua confiese que Jesucristo es el Señor, para gloria de Dios Padre" -Filipenses 2:10-11 (NVI)

Compara Filipenses 2:10-11 con lo que se dice de Dios en Isaías.

"Vuelvan a mí y sean salvos, todos los confines de la tierra, porque yo soy Dios, y no hay ningún otro... Ante mí se doblará toda rodilla, y por mí jurará toda lengua".
-Isaías 45:22-23 (NVI)

"Toda la plenitud de la divinidad habita en forma corporal en Cristo".
-Colosenses 2:9 (NVI)

"En el principio ya existía el Verbo, y el Verbo estaba con Dios, y el Verbo era Dios. Él estaba con Dios en el principio".
-Juan 1:1-2 (NVI)

3. Él es ____________ como Dios (Mateo. 14:33; Fil. 2:10;Heb. 1:6).

- Muchos lo adoraron: un leproso sanado (Mateo 8:2), mujeres (Mateo 15:25), la madre de Santiago y Juan (Mateo 20:20), el endemoniado gadareno (Marcos 5:6), un ciego (Juan 9:38).
- Él aceptó esa adoración (Juan 20:28-29; Mateo 14:33; 28:9-10).
- Sus discípulos le oraron a Él (Hechos 7:59).

4. Él hace cosas que _______________ puede hacer.

- Tenía el poder para perdonar pecados (Marcos 2:1-12).
- Todo el _______ estaba en sus manos (Juan 5:27; Hechos 17:31).
- Envió al Espíritu Santo (Juan 15:26).
- Se levantaría de entre los muertos (Juan 5:25).
- Es el _______________ (Juan 1:3; Col. 1:16; Heb. 1:10).
- Es el sustentador- de todo y de todos (Col. 1:17; Heb. 1:3).

Estos son hechos, hechos que descansan sobre evidencias.

¿Qué evidencia apoya a Jesús reclamando ser Dios?

Obviamente nadie podría llamarse Dios. Pero la diferencia con Jesús es que su vida respaldaba lo que Él decía ser.

Evidencia 1:

____

> "[Jesús] les dijo, "Cuando todavía estaba yo con ustedes, les decía que tenía que cumplirse todo lo que está escrito acerca de mí en la ley de Moisés, en los Profetas y en los Salmos."
>
> -Lucas 24:44 (NVI)

Los versículos del Antiguo Testamento son la profecía. El Nuevo Testamento proclama su cumplimiento.

1. Nacido de una virgen (Isaías. 7:14; Mateo 1:21-23).
2. Un descendiente de Abraham (Génesis 12:1-3; 22:18; Mateo 1:1; Gal. 3:16).
3. De la Tribu de Judá (Génesis 49:10; Lucas 3:23, 33; Hebreos 7:14).
4. De la Casa de David (2 Samuel 7:12-16; Mateo 1:1).
5. Nacido en Belén (Miqueas 5:2; Mateo. 2:1; Lucas 2:4-7).
6. Tomado de Egipto (Oseas. 11:1; Mateo 2:14-15).
7. La matanza de los infantes por parte de Herodes (Jeremías. 31:15; Mateo 2:16-18).
8. Ungido por el Espíritu Santo (Isaías 11:2; Mateo 3:16-17).
9. Anunciado por el mensajero del Señor (Juan el Bautista) (Isaías 40:3; Mal. 3:1; Mateo. 3:1-3).
10. Que haría milagros (Isa. 35:5-6; Mateo 9:35).
11. Que predicaría las buenas nuevas (Isa. 61:1; Lucas 4:14-21).
12. Que ministraría en Galilea (Isa. 9:1; Mateo 4:12-16).
13. Que purificaría el templo (Mal. 3:1; Mateo 21:12-13).
14. Que entraría en Jerusalén como rey sobre un burrito (Zacarías 9:9; Mateo 21:4-9).

15. Sería rechazado por los judíos (Salmo 118:22; 1 Pedro 2:7).
16. Moriría de una forma humillante (Salmo 22; Isaías 53) que involucra:
    a. rechazo (Isaías. 53:3; Juan 1:10-11; 7:5, 48).
    b. La traición por un amigo (Salmo 41:9; Lucas 22:3-4; Juan 13:18).
    c. Ser vendido por 30 piezas de plata (Zacarías 11:12; Mateo 26:14-15).
    d. Haber guardado silencio frente a sus acusadores (Isa. 53:7; Mateo 27:12-14).
    e. Haber sido puesto en ridículo (Salmo 22:7-8; Mateo 27:31).
    f. Golpeado (Isa. 52:14; Mat. 27:26).
    g. Escupido (Isa. 50:6; Mateo 27:30).
    h. Sus manos y pies mutilados (Salmo 22:16; Mateo 27:31).
    i. Haber sido crucificado con ladrones (Isa. 53:12; Mat. 27:38).
    j. Haber orado por sus perseguidores (Isa. 53:12; Lucas 23:34).
    k. Su costado atravesado (Zacarías 12:10; Juan 19:34).
    l. Que se le dio a beber vinagre (Salmo 69:21; Mateo 27:34; Lucas 23:36).
    m. Que ninguno de sus huesos fue roto (Salmo 34:20; J uan 19:32-36).
    n. Que fue enterrado en la tumba de un hombre rico (Isa. 53:9; Mat. 27:57-60).
    o. Que echaron suerte sobre sus vestidos (Salmo 22:18; Juan 19:23-24).
17. Que se levantaría de los muertos (Salmo 16:10; Marcos 16:6; Hechos 2:31).
18. Que ascendería al cielo (Salmo 68:18; Hechos 1:9).
19. Que se sentaría a la diestra de Dios (Salmo 110:1; Heb. 1:3).

Una mirada más de cerca

Algunas personas llaman al cumplimiento de todas estas profecías "un accidente estadístico". "Simplemente se dió que naciera en Belén". O que fuera de la línea de David, etc. Hay dos respuestas a ese argumento. Primero, estas predicciones fueron mucho más que un asunto de oportunidad. "Simplemente sucedió", que abrió los ojos a los ciegos. "Simplemente se dió", que se levantara de los muertos. ¡Pero todo esto va mucho más allá de una probabilidad estadística!

La segunda respuesta es la gran cantidad de profecías que fueron cumplidas. Peter Stoner en su libro "La Ciencia Habla", ha calculado las probabilidades de que sólo ocho de estas profecías se cumplieran en un solo hombre. El halló que la posibilidad de que cualquier hombre cumpliera en él esas ocho profecías era de 1 en 10^{17}.

Es decir, una en 100,000,000,000,000,000. Para que podamos comprender esta asombrosa probabilidad, Stone la ilustra con el siguiente ejemplo:

> Si tomamos 10^{17} dólares de plata y los ponemos sobre la superficie del estado de Texas, cubrirán todo el estado con un alto de casi un metro. Ahora, marcamos una moneda y la mezclamos en el montón y ponemos toda la masa de monedas sobre el estado. Luego vendamos los ojos a un hombre y le decimos que puede ir lo lejos que quiera pero que debe hallar el dólar marcado. ¿Qué posibilidades tendría el hombre de hallarlo? Justo la misma que los profetas tendrían de escribir estas 8 profecías y luego ver cumplidas todas ellas en un solo hombre, desde su época al tiempo presente, suponiendo, claro, que escribieron todo de su propio peculio. [3]

Y Jesús no sólo cumplió 8 profecías, ¡Él cumplió más de 300 profecías específicas de su vida registradas en el Antiguo Testamento!

Evidencia 2: Sus ________________________

Cuando se le pidió una prueba, Jesús señaló sus milagros.

> "Cuando los discípulos de Juan vinieron a Jesús, le preguntaron, "Juan el Bautista nos ha enviado a preguntarte: ¿Eres tú el que ha de venir, o debemos esperar a otro? En ese mismo momento Jesús sanó a muchos que tenían enfermedades, dolencias y espíritus malignos, y les dio la vista a muchos ciegos. Entonces les respondió a los enviados: -Vayan y cuéntenle a Juan lo que han visto y oído: Los ciegos ven, los cojos andan, los que tienen lepra son sanados, los sordos oyen, los muertos resucitan y a los pobres se les anuncian las buenas nuevas."
>
> -Lucas:20, 22 (NVI)

"los ciegos reciben la vista" (Mateo 9:27-31; Lucas 18:35-43; Marcos 8:22-26)

"los cojos andan" (Mateo 9:2-7)

"los leprosos son sanados" (Mateo 8:2-3; Lucas 17:11-19)

"los sordos oyen" (Marcos 7:31-37)

"los muertos resucitan" (Mateo 9:18-19, 23-25; Lucas 7:11-15; Juan 11:1-44)

"a los pobres se les anuncian las buenas nuevas" (Mateo 11:5)

Evidencia 3: Su ________________________

Jesús no sólo predijo su resurrección, ¡incluso afirmó en cuantos días lo haría!

> "Destruyan este templo -respondió Jesús-, y lo levantaré de nuevo en tres días."
>
> -Juan 2:19 (NVI)

"Porque así como tres días y tres noches estuvo Jonás en el vientre de un gran pez, también tres días y tres noches estará el Hijo del hombre en las entrañas de la tierra".

-Mateo 12:40 (NVI)

"Luego comenzó a enseñarles: -El Hijo del hombre tiene que sufrir muchas cosas y ser rechazado por los ancianos, por los jefes de los sacerdotes y por los maestros de la ley. Es necesario que lo maten y que a los tres días resucite".

-Marcos 8:31 (NVI)

Jesús reclamó la autoridad que estaba detrás de la resurrección.

"Por eso me ama el Padre: porque entrego mi vida para volver a recibirla. Nadie me la arrebata, sino que yo la entrego por mi propia voluntad. Tengo autoridad para entregarla, y tengo también autoridad para volver a recibirla".

-Juan 10:17-18 (NVI)

Jesús Es hombre

¿Cómo sabemos que Jesús es un hombre?

1. 1. __________ como humano (Isa. 7:14-16; Mateo 1:23; Gal. 4:4).

   (Nacimiento virginal)

2. Mostró un ________________ humano (Lucas 2:52).

   Nota las cuatro maneras humanas en las que Jesús creció: "En sabiduría, estatura y favor para con Dios y los hombres." Jesús creció:

   - ______________
   - ______________
   - ______________
   - ______________

3. Experimentó ________________humanas

   Es por esto que me disgustan las películas que muestran la vida de Jesús. Todas muestran a Jesús como una persona sin emociones. Jesús simplemente imagina la vida en un tipo de trance místico. ¡No es verdad! Jesús estaba lleno de emociones ¡lleno de vida!

   Jesús sintió:

   - Dolor (Juan 11:35)
     Jesús creció en una cultura Judía que sabía cómo expresar una emoción. Cuando los judíos sollozaban, no era una pequeña lágrima resbalando por su mejilla. Lo hacían

abiertamente y en alta voz. Incluso rasgaban sus ropas para expresar su sufrimiento.

- Pesar (Mateo 26:38)
- Asombro (Mateo 8:10)
- Amor (por un no creyente: Marcos 10:21; por sus amigos: Juan 11:5; por sus discípulos: Juan 13:1; por su madre: Juan 19:26-27)
- Admiración (Marcos 6:6)
- Angustia (Marcos 14:33)
- Compasión (Marcos 1:41)
- Ira (Marcos 3:5)

4. Tuvo _______________ y _________________ humanas

- Estuvo cansado (Juan 4:6; Marcos 4:38). Imagina pasar todo el día con multitudes, sirviendo, enseñando, sanando y escuchando. Jesús se cansaba.
- Tenía hambre (Mat. 4:2).
- Tenía sed (Juan 19:28).
- Estuvo en agonía (Lucas 22:44).
- Fue tentado (Mateo 4:1-11).
- Murió (Lucas 23:46).

Una palabra fresca

Encarnación.

La palabra encarnación viene del latín, "en la carne". Cuando Jesús nació en Belén, era la encarnación de Dios en este mundo. Dios viniendo a nosotros en carne y hueso.

Jesús es 100 por ciento Dios y 100 por ciento hombre el 100 por ciento del tiempo

(Cierto que esto no es matemática pura, pero sí excelente teología).

- Jesús no fue Dios viviendo dentro de un hombre. Tampoco era un hombre que se convirtió en Dios. Tampoco fue Dios que aparentaba ser un hombre. Jesús combinó ambas naturalezas en una sola personalidad: era totalmente Dios y totalmente hombre.
- Jesús es perfectamente humano y cubierto de una total deidad.

Una palabra fresca

Unión hipostática.

La unión de una deidad completa, sin disminuciones y una humanidad perfecta, en una sola persona. Esto significa que Jesús no sólo era Dios y hombre, sino que siempre sería Dios y hombre.

1. Jesús siempre ha sido Dios (Juan 1:2).
2. Jesús se hizo hombre mientras seguía siendo Dios (Juan 1:14).
3. Jesús sigue existiendo como Dios y hombre (Hechos 1:9-11).

Jesús se limitó a sí mismo- se convirtió totalmente en hombre.

Pero . . .

Jesús no se disminuyó-siempre se mantuvo como totalmente Dios. Se limitó a sí mismo, pero no se disminuyó.

Jesús se limitó .

- Tomando forma de hombre (Filipenses 2:6-8)
- Limitando su presencia a un solo lugar a la vez
- Tomando una posición en la que el Padre era "mayor" (Juan 14:28)
- Limitando su entendimiento (Mateo 24:36)

La idea de que Jesús se limitara y aún así siguiera siendo Dios, es muy difícil de comprender. Es una de esas ocasiones en las que es mejor darnos cuenta de que Dios es mucho mayor que nosotros y que algunas de las verdades acerca de Él son difíciles de comprender para nosotros.

Jesús no se disminuyó.

- Seguía siendo totalmente Dios mientras anduvo por esta tierra
- La decisión de nacer como hombre, caminar por la tierra y morir en una cruz fue suya, como parte de la Trinidad.

Aún estando en la tierra, Jesús se limitó a sí mismo por su propia elección: Pudo haber convertido las piedras en panes cuando Satanás lo tentó (Lucas 4:3). Pudo haber llamado a 10.000 ángeles para salvarse de la cruz (Mateo 26:53), pero escogió no hacerlo.

Perspectiva personal clave.

Filipenses 2:5-11 es uno de los pasajes más emocionantes acerca de la disposición de Jesús de ser un hombre. Notemos que para comenzar, el pasaje nos dice: "Tu actitud debe ser la misma que la de Cristo". ¿De qué está hablando Pablo? ¿Qué actitud se revela en la disposición de Jesús a ser un hombre?

Versículos 3-4 comparten algunos aspectos específicos acerca de esta actitud:

- No hacer nada por ambición personal.
- No actuar de forma arrogante o vanidosa.
- Considerar a los otros como superiores a uno mismo.
- No ver sólo nuestras necesidades.
- Velar por los intereses de los demás.

La actitud es ________________.

Siendo totalmente hombre, Jesús nos muestra que ____________________ nuestras necesidades.

Siendo totalmente Dios, Jesús nos muestra que puede ____________________ todas nuestras necesidades.

Terminen de memorizar la tarjeta no. 3, "La Verdad acerca de Jesús."

Preguntas de discusión

1. ¿Cómo te ha ayudado tu amistad con otros creyentes a ver el amor de Dios de formas frescas y nuevas?
2. Comparte tus experiencias en esta última semana, actuando en la verdad de que Jesús es nuestro mejor amigo. ¿De qué formas sentiste la cercanía y amistad de Jesús como parte de tu vida diaria? ¿En qué te sentiste frustrado, y hubieras deseado recordar lo cercano que está Jesús? (No temas compartir tus frustraciones; eso animará a otros que hayan enfrentado los mismos sentimientos durante la última semana.)
3. ¿Cuál de las tres evidencias para comprobar que Jesús es Dios, es para ti la más fuerte? ¿Por qué consideras esta evidencia como la más importante?
4. Incluso con esta evidencia, mucha gente aún lucha por creer. ¿Cuál es la diferencia entre las pruebas físicas y la fe personal? ¿Es acaso la fe algo que podemos tener sin ninguna prueba? ¿Son las pruebas la garantía de que tenemos fe?

5. ¿Qué te resulta más difícil ver como real: la realidad de que Jesús es completamente Dios o la realidad de que es completamente hombre?

   Generalmente, los no creyentes tienen más dificultades en ver a Jesús como Dios, mientras los creyentes tienen dificultad en verlo como humano.

6. Sabemos que Jesús se puede identificar con nuestras luchas y debilidades gracias a que se hizo hombre. Menciona una o dos áreas en las que te sientes feliz de que Jesús se identifique contigo.

   Fatiga-Tentaciones- Emociones- Desilusión- Traición-

   Relaciones- Estrés- Otras: ________________

7. La vida de Jesús consistía siempre en servir a los demás. Aquellos que se acercaban a El, siempre terminaban pareciéndosele cada vez más. Deseando servir a los demás. ¿Quién podría necesitar de tu servicio en el nombre de Jesús en esta próxima semana? No tiene que ser algo grande o notable.

   En Mateo 10:42 Jesús dice, "Y quien dé siquiera un vaso de agua fresca a uno de estos pequeños por tratarse de uno de mis discípulos, les aseguro que no perderá su recompensa".

   Esta semana busca, de igual manera, formas de servir y ministrar en el nombre de Jesús. No tienes que decirle a las personas que sirves que lo haces en el nombre de Jesús. " ¡Te estoy pasando esta tasa de café desinteresadamente, en el nombre de mi Señor y Salvador Jesucristo!" ¡No lo hagas de esta forma! Debes simplemente hacerlo sin atraer la atención hacia ti.

Para profundizar en el estudio

Edersheim, Alfred. *La Vida y Tiempos de Jesús el Mesías.* McLean, Va.: MacDonald, n.d.

Elwell, Walter, ed. *Análisis Tópico de la Biblia.* Grand Rapids, Mich.: Baker, 1991.

Little, Paul. Conoce aquello en lo que crees. Wheaton, Ill.: Victor, 1987.

Lucado, Max. *Dios se ha acercado.* Portland, Ore.: Multnomah Press, 1987.

McDowell, Josh. Más *Evidencia que exige un veredicto,* Nashville: Nelson Reference, 1999.

Rhodes, Ron. *El corazón del cristianismo,* Eugene, Ore.: Harvest House, 1996.

Strobel, Lee. *El caso de Cristo.* Grand Rapids, Mich.: Zondervan, 1998.

Yancey, Philip. *El Jesús que nunca conocí.* Grand Rapids, Mich.: Zondervan, 1995.

Respuestas a los espacios en blanco

otros
adorado
sólo Dios
juicio
Creador
Cumplimiento de la profecía
milagros
resurrección
nació
crecimiento
intelectualmente
físicamente
espiritualmente
socialmente
emociones
experiencias, necesidades
humanas
humildad
comprende
satisfacer

El Espíritu Santo

1ª parte.

Metas Transformadoras.

- Experimentar un nuevo sentido de seguridad en tu relación con Dios, basado en la presencia del Espíritu en tu vida.
- Ver con los ojos de la fe cómo obra el Espíritu en tu vida.

Para la mayoría de nosotros, la palabra Espíritu conlleva misterio. No lo podemos poner en forma humana. Los símbolos usados para representarlo en las Escrituras (aceite, fuego, viento, la paloma) tampoco ayudan mucho. La Biblia nos enseña que el Espíritu Santo es como Dios Padre y Dios Hijo, por lo tanto se lo debe adorar, amar y obedecer. Pero podemos conocerlo de forma personal.

Revisión de algunas verdades acerca de Dios:

1. Dios se relaciona con nosotros como una Trinidad, tres personas en un ser.
2. Dios es uno, no son tres dioses, sino un solo Dios (Deut. 6:4).
3. El Padre es Dios, el Hijo es Dios y el Espíritu es Dios.
4. Los tres son diferentes uno del otro, separados pero uno.

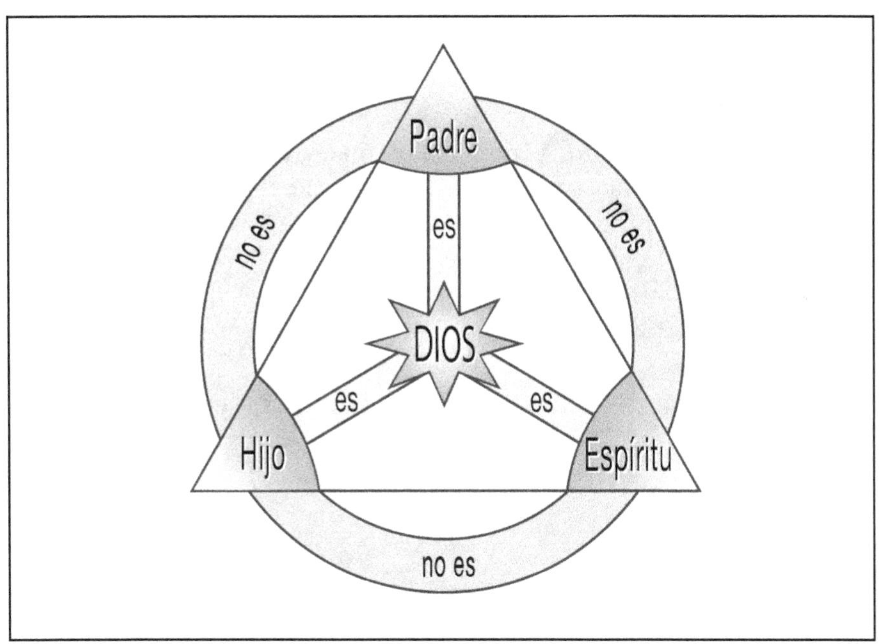

Trasfondo histórico.

En el Antiguo Testamento, el Espíritu Santo venía sobre las personas en momentos ______________ y para cumplir propósitos ________________. Nunca habitó dentro de una persona ________________

Línea de Tiempo

Antiguo Testamento	Nuevo Testamento	
Joel 2:28	Juan 16:7 y Hechos 1:5 se unen en Hechos 2	1 Corintios 12:13

¿Cuál es el rol del Espíritu Santo ahora?

El Espíritu Santo me ________________________.

Definición: __________________________

> "De veras te aseguro que quien no nazca de nuevo no puede ver el reino de Dios -dijo Jesús."
>
> -Juan 3:3 (NVI)

> "Él nos salvó, no por nuestras propias obras de justicia sino por su misericordia. Nos salvó mediante el lavamiento de la regeneración y de la renovación por el Espíritu Santo",
>
> -Tito 3:5 (NVI)

Antes de que viniera Cristo, estaba ________________________.

Ahora estoy _____________________ a través del Nuevo nacimiento.

> Lo que nos da vida es el Espíritu de Dios; el poder humano no tiene utilidad para nada. "El Espíritu da vida; la carne no vale para nada. Las palabras que les he hablado son espíritu y son vida".
>
> -Juan 6:63 (NVI)

El Espíritu Santo me ________________.

1. El bautismo del Espíritu Santo es la ubicación del cristiano en el _______________ y en ________________.

> "Todos fuimos bautizados por un solo Espíritu para constituir un solo cuerpo -ya seamos judíos o gentiles, esclavos o libres-, y a todos se nos dio a beber de un mismo Espíritu".
>
> -1 Corintios 12:13 (NVI)

Hay 150 referencias en el Nuevo Testamento acerca de estar "en Cristo" (Efesios 1:13).

2. El bautismo del Espíritu Santo es un ______________________ que ocurre en el momento de la salvación.
3. El bautismo del Espíritu Santo es una ______________________ para todos los creyentes.

> "Todos ustedes son hijos de Dios mediante la fe en Cristo Jesús, porque todos los que han sido bautizados en Cristo se han revestido de Cristo".
>
> -Gálatas 3:26-27 (NVI)

> "Todos fuimos bautizados por un solo Espíritu para constituir un solo cuerpo - y a todos se nos dio a beber de un mismo Espíritu".
>
> -1 Corintios 12:13 (NVI)

El bautismo del Espíritu Santo es un regalo universal para los creyentes. En ninguna parte de la Biblia se nos instruye a que, como cristianos, deseemos o busquemos el bautismo del Espíritu Santo. No debemos orar por eso, buscarlo, o tratar de lograrlo. En realidad ya lo tenemos.

Nota: Mucha de la confusión acerca del bautismo del Espíritu Santo viene por el error de no hacer una distinción entre el bautismo del Espíritu y la llenura del Espíritu. El bautismo del Espíritu es algo que Dios nos da al establecer nuestra relación con Jesucristo. La llenura del Espíritu es la experiencia diaria de dejar que el Espíritu tome control de nuestras vidas. Discutiremos acerca de la llenura del Espíritu Santo en detalle, en la siguiente sesión.

El Espíritu Santo ____________________ en mí.

> "¿Acaso no saben que su cuerpo es templo del Espíritu Santo, quien está en ustedes y al que han recibido de parte de Dios?"
>
> -1 Corintios 6:19 (NVI)

¡Ahora el Espíritu habita en nosotros!

El Espíritu Santo me ha ________________.

> "En él también ustedes, cuando oyeron el mensaje de la verdad, el evangelio que les trajo la salvación, y lo creyeron, fueron marcados con el sello que es el Espíritu Santo prometido".
>
> -Efesios 1:13 (NVI)

El sellar implica ______________ y ________________.

El Espíritu Santo es el

______________________________________.

"... Éste garantiza nuestra herencia hasta que llegue la redención final del pueblo adquirido por Dios, para alabanza de su gloria".

-Efesios 1:14 (NVI)

"Es Dios quien nos ha hecho para este fin y nos ha dado su Espíritu como garantía de sus promesas".

-2 Corintios 5:5 (NVI)

"si somos infieles, Él sigue siendo fiel, ya que no puede negarse a sí mismo".

-2 Timoteo 2:13 (NVI)

Perspectiva personal clave.

1. Puede que te hayas dado cuenta de que nunca has nacido de nuevo, nunca has experimentado la regeneración del Espíritu Santo. Ven a Dios, arrepiéntete de vivir una vida para auto agradarte y pídele a Dios que te dé un nuevo nacimiento y la vida eterna en Él.
2. Puede que hayas estado confundido acerca del bautismo del Espíritu Santo. Quizá hayas orado y añorado otra experiencia con Dios que te cambie para siempre. Ahora viste que ese milagro ya sucedió. Agradece a Dios por haberte puesto por medio de Cristo, allí donde perteneces, en la familia de Dios. Agradece a Dios por su obra, tan poderosa y completa, que ya nunca tendrás que repetirla. Agradece a Dios por estar en Cristo y porque ahora Dios te ve cubierto por la justicia de Jesús. Eres puro, sin mancha y santo delante de Él.
3. Agradece a Dios que sus promesas son fieles y que su garantía de mantenerte en Él siempre es real. Agradece al Espíritu Santo por sellarte y darte la seguridad de que nunca perderás tu salvación. Toma un tiempo para pensar en el momento en el que recibirás lo que te ha sido prometido; cuando el anillo de compromiso de Dios se convierta en un anillo de bodas, y puedas sentarte en la Cena del Cordero en el cielo.

Comienza a trabajar en la tarjeta de memorización no. 4, "La verdad acerca del Espíritu Santo".

Apéndice

El Espíritu Santo comenzó una nueva obra en el Día de Pentecostés, obra que ha continuado desde entonces hasta el presente. Antes de la resurrección de Jesús y su ascensión al cielo, el Espíritu Santo venía a la gente de vez en cuando, pero nunca habitó o vivió dentro de una persona.

El profeta Joel profetizó que un día Dios "derramaría su Espíritu en toda la gente" (Joel 2:28). Jesús prometió a sus discípulos que enviaría a su Santo Espíritu después de que regresara a su Padre.

> "Pero les digo la verdad: Les conviene que me vaya porque, si no lo hago, el Consolador no vendrá a ustedes; en cambio, si me voy, se lo enviaré a ustedes".
>
> -Juan 16:7 (NVI)

"Diez días después de que Jesús ascendiera al cielo, 120 creyentes se reunieron en el aposento alto para esperar y orar. De repente, vino el sonido de un viento que llenó el lugar y lenguas de fuego se posaron sobre cada creyente. Todos ellos fueron llenos con el Espíritu Santo y comenzaron a hablar en otras lenguas que el Espíritu les daba para que hablasen..." (Hechos 2:1-4).

"Arrepiéntase y bautícese cada uno de ustedes en el nombre de Jesucristo para perdón de sus pecados -les contestó Pedro-, y recibirán el don del Espíritu Santo". (Hechos 2:38). La comprensión de Pedro de la profecía de Joel era doble: no sólo se trataba de la salvación prometida a aquellos que Dios había llamado, sino además para aquellos que recibirían el bautismo del Espíritu. Tres mil personas respondieron ese día y fueron bautizadas en agua. (Hechos 2:41).

Los tres mil de aquel día no parecían haber experimentado el mismo fenómeno milagroso (viento, lenguas de fuego o hablar en otras lenguas) como los 120 del aposento alto. ¿Cuál era la diferencia? Los 120 eran ya creyentes y recibieron el bautismo del Espíritu Santo, meses o años después de que comenzaron a seguir a Jesús. Los tres mil, en cambio, no eran creyentes y recibieron el perdón de sus pecados y el don del Espíritu Santo simultáneamente. Esta distinción es de gran importancia porque la norma para la experiencia cristiana en el presente es la que experimentaron los tres mil y no los ciento veinte. El hecho de que la experiencia de los 120 se diera en dos distintas fases simplemente se debió a circunstancias históricas - no podían haber recibido el regalo del Pentecostés antes del Pentecostés. Pero desde el día de Pentecostés hasta la fecha, el perdón de los pecados y el don (bautismo) del Espíritu Santo se reciben juntos.

Hay dos "excepciones" que confunden a los creyentes en Hechos 8 y Hechos 19

En Hechos 8: 5-17, Felipe predicaba en Samaria y muchos creyeron y fueron bautizados. Pero lo que es poco usual es que cuando los apóstoles en Jerusalén lo escucharon, enviaron a Pedro y Juan para verificar la experiencia. Una de las razones es porque estos creyentes eran samaritanos y en ese entonces los judíos "no se trataban con los samaritanos" (Juan 4:9). Su rivalidad tenía ya siglos y probablemente continuaba, causando una gran división en la Iglesia. Posiblemente Dios retuvo el don de su Espíritu de los creyentes samaritanos hasta que los dos apóstoles investigaran y por la imposición de sus manos confirmaran lo genuino de la conversión de los samaritanos. Ni las dos fases ni la imposición de manos son la norma para recibir el Espíritu hoy en día.

En Hechos 19:1-7, los doce hombres que Pablo conoció no parecían ser cristianos. Se los llamaba "discípulos", pero la historia revela que eran discípulos de Juan el Bautista. Pablo les pregunta si han recibido ya el Espíritu Santo, cuando creyeron, indicando que él pensó al principio que eran creyentes. Pero ellos nunca habían escuchado del Espíritu Santo, y ese "que había de venir", era Jesús. Pablo no sólo puso sus manos sobre ellos, primero tuvo que bautizarlos en el nombre del Señor Jesús. ¿Puede alguien que nunca ha escuchado del Espíritu Santo o haya sido bautizado en el nombre de Cristo ser llamado cristiano? Pues no. Estos discípulos de Juan no podían ser considerados como cristianos promedio el día de hoy.

No conseguimos a Dios a plazos. Dios no es tres dioses; es uno. Tenemos a Jesús cuando tenemos a Dios, y a su Espíritu Santo. No recibimos a cada uno y por partes. Son tres en uno; vienen todos juntos.

El objeto de las tres "venidas" del Espíritu Santo en el libro de Hechos es que Dios quería mostrar que tanto los judíos, los samaritanos (mezcla de judíos y gentiles) y los gentiles, todos tenían un lugar en Su cuerpo. La cristiandad no era sólo una secta de la religión judía. Esto confirma la realidad de Hechos 1:8, de que el evangelio sería anunciado en Jerusalén, Judea y Samaria y hasta los confines de la tierra.

Preguntas de Discusión

1. Es sencillo enfocarnos en nuestro crecimiento espiritual o en lo lejos que debemos ir, en lugar de ver hasta dónde hemos llegado. Comparte con los demás del grupo uno o dos ejemplos de la obra que Dios ha hecho en tu vida.

2. ¿Por qué piensas que caemos en la idea de creer que el Espíritu Santo es impersonal (en lugar de una persona) e incluso a veces, lo vemos como una parte "menor" de la trinidad?

3. Mira nuevamente en Juan 3:1-16. ¿Por qué piensas que era tan difícil para un hombre religioso como Nicodemo, comprender el nuevo nacimiento espiritual? ¿Acaso las palabras de Jesús para él, te han ayudado a ti a comprender lo que significa nacer del Espíritu?

4. La palabra "bautizado" significa literalmente "totalmente inmerso." ¿Qué significa para ti estar totalmente inmerso en el Espíritu de Dios? ¿Afecta esto tu perspectiva hacia otros creyentes cuando te das cuenta de que todos estamos totalmente inmersos en el Espíritu de Dios?

5. El sello del Espíritu Santo es una tremenda fuente de seguridad en nuestras vidas como creyentes. ¿En qué área de tu vida necesitas tomar en cuenta esta seguridad regularmente?

6. Segunda Corintios 3:3 nos recuerda:

   > "Es evidente que ustedes son una carta de Cristo, ... escrita no con tinta sino con el Espíritu del Dios viviente; no en tablas de piedra sino en tablas de carne, en los corazones".
   >
   > -2 Corintios 3:3 (NVI)

   ¿Ves a Dios escrito en "los corazones" de los miembros de tu grupo? Toma un tiempo para hacer de esto una expresión personal de ánimo. Formen un círculo y compartan con una persona, diciendo: "esta es una forma en la que veo al Espíritu de Dios en tu vida". Compartan por lo menos con dos o tres personas. Esto puede ser un pco incómodo al principio, pero si aplaudimos y animamos a alguien por una promoción en su trabajo o por lograr una hazaña deportiva, es mucho más importante reconocer la obra de Dios en las vidas de los demás.

Respuestas a los espacios en blanco

variados
específicos
permanentemente
regenera
darme un nuevo nacimiento
espiritualmente muerto
espiritualmente vivo
bautiza
cuerpo de Cristo
Cristo mismo
Evento de una sola vez
Experiencia universal
habita
sellado
pertenencia, protección
depósito de la promesa de Dios

El Espíritu Santo

2ª parte

Metas Transformadoras.

- Lograr una comprensión clara de la diferencia entre el bautismo del Espíritu Santo y la llenura del Espíritu Santo.
- Reconocer inmediatamente y vivir, la verdad de que estamos llenos del Espíritu Santo.

Revisión.

Antes de la resurrección de Jesús y su ascensión al cielo, el Espíritu Santo venía sobre ciertas personas en momentos especiales y sólo por razones específicas. Nunca se quedó dentro de una persona permanentemente. Pero la profecía del Antiguo Testamento en Joel 2:28 se cumplió en el Día de Pentecostés, cuando el Espíritu Santo se derramó sobre los creyentes. Desde ese entonces, todos los cristianos han sido bautizados con el Espíritu Santo desde el momento de su salvación.

Vimos cuatro aspectos de la obra del Espíritu en nosotros: regenerar, bautizar, habitar, y sellar.

1. La regeneración significa "nuevo nacimiento". Cuando vengo a Cristo se me da un nuevo nacimiento; nací nuevamente.
2. El bautismo del Espíritu Santo es:
    a. Que Dios me pone en el cuerpo de Cristo (la iglesia) y en Cristo mismo.
    b. Un evento único que ocurre una sola vez al momento de la salvación.
    c. Una experiencia universal para los creyentes (1 Cor. 12:13).
    d. Recibir al Dios trino de una sola vez; no es que reciba a Dios un día, a Jesús después y finalmente a su Espíritu Santo. Dios es una trinidad - tres en uno.
3. El hecho de que el Espíritu habita en mí, significa que Dios vive personalmente en mí.

4. Ser sellado por el Espíritu Santo, significa que Dios pone su marca de pertenencia y protección en mi vida.
5. Como un depósito, el Espíritu Santo de Dios, además garantiza que todo lo que se me ha prometido por parte de Dios será mío un día.

En este estudio veremos juntos la llenura del Espíritu Santo.

Nuestra necesidad de la llenura del Espíritu Santo

La Biblia nos dice que toda persona está en una de estas tres posiciones espirituales:[2]

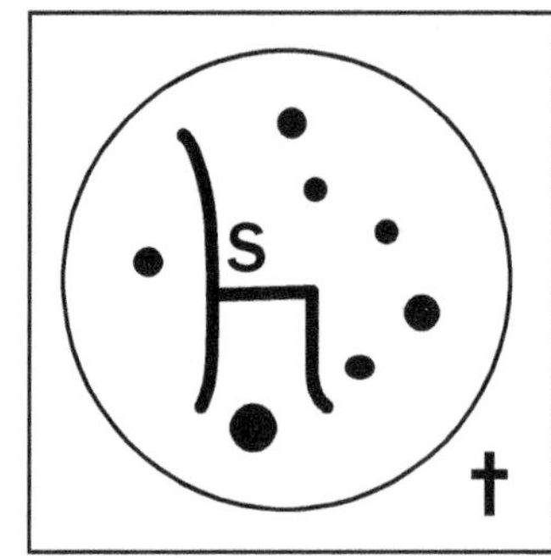

El hombre ______________

"En otro tiempo ustedes estaban muertos en sus transgresiones y pecados, 2 en los cuales andaban conforme a los poderes de este mundo. Se conducían según el que gobierna las tinieblas, según el espíritu que ahora ejerce su poder en los que viven en la desobediencia".

-Efesios 2:1-2 (NVI)

"El que no tiene el Espíritu no acepta lo que procede del Espíritu de Dios, pues para él es locura. No puede entenderlo, porque hay que discernirlo espiritualmente".

-1 Corintios 2:14 (NVI)

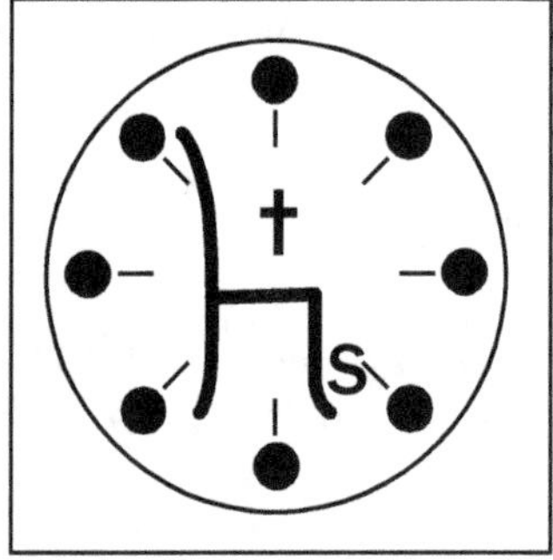

El hombre __________________

"En cambio, el que es espiritual lo juzga todo, aunque él mismo no está sujeto al juicio de nadie,"

-1 Corintios 2:15 (NVI)

"La mentalidad pecaminosa es muerte, mientras que la mentalidad que proviene del Espíritu es vida y paz".

-Romanos 8:6 9 (NVI)

El hombre _________________

"Yo, hermanos, no pude dirigirme a ustedes como a espirituales sino como a inmaduros, apenas niños en Cristo. Les di leche porque no podían asimilar alimento sólido, ni pueden todavía, pues aún son inmaduros. Mientras haya entre ustedes celos y contiendas, ¿no serán inmaduros? ¿Acaso no se están comportando según criterios meramente *humanos?"

—1 Corintios 3:1–3 (NVI)

En Romanos 7, la palabra "Yo"... se usa 27 veces. En Romanos 8 la palabra "Espíritu" se usa unas 19 veces. ¿Cuál es la diferencia entre la derrota que caracteriza a Pablo en el capítulo 7 y la victoria que describe en el capítulo 8 del libro de Romanos? Es la llenura del Espíritu Santo.

¿Qué es la llenura del Espíritu Santo?

"No se emborrachen con vino, que lleva al desenfreno. Al contrario, sean llenos del Espíritu. Anímense unos a otros con salmos, himnos y canciones espirituales. Canten y alaben al Señor con el corazón, dando siempre gracias a Dios el Padre por todo, en el nombre de nuestro Señor Jesucristo. Sométanse unos a otros, por reverencia a Cristo".

-Efesios 5:18-21 (NVI)

Cuatro verdades de Efesios 5:18-21

La construcción gramatical de estos versículos implica cuatro verdades:

1. El verbo usado para "lleno" está en plural, implicando que ______________________.
2. El verbo usado para "lleno" en el tiempo presente implica una, ______________________.
3. El verbo usado para "lleno" es pasivo, implicando que la llenura es algo que ______________________.
4. El verbo para "lleno" es imperativo, lo que implica ______________.

El Bautismo del Espíritu Santo.	La llenura del Espíritu Santo.
Una verdad posicional*	Una verdad experimental.
No es un mandamiento.	Es un mandamiento.
Suceso de una sola vez.	Proceso continuo
Pone al creyente en una posición. para recibir poder.	Le capacita

*Una "verdad posicional", es lo que somos debido a nuestra fe en Jesucristo. Una "verdad experimental" es lo que somos y como somos, basados en esa posición. La una es la raíz y la otra es el fruto.

Señales de la llenura del Espíritu Santo.

A menudo, hay confusión sobre las señales que indican que el Espíritu Santo ha llenado a alguien. Veremos esto en tres secciones: experiencias que pueden o no acompañar a la llenura, ideas falsas acerca de la llenura, y señales verdaderas de la llenura del Espíritu Santo.

Experiencias personales que pueden acompañar o no, la llenura del Espíritu.

Emocionalismo: la emoción o los sentimientos, no necesariamente son parte de la llenura.

Habilidad excepcional: Dios obra dentro del marco de nuestras limitaciones y habilidades naturales.

Carisma personal: se mal interpreta como llenura.

Tranquilidad de mente y espíritu: creyentes con gran llenura del Espíritu, también experimentaron, frustraciones, desánimo y desilusiones.

Lenguas: A través de la historia, algunos creyentes hablan en lenguas cuando han sido llenos del Espíritu, otros no.

Falsas enseñanzas acerca de lo que acompaña la llenura.

No tener problemas: La llenura no hace que todos los problemas desaparezcan; nos da la fortaleza y sabiduría para enfrentarlos de mejor manera. El Apóstol Pablo es un ejemplo de esto(2 Cor. 6:3-10).

Libertad total de la tentación: Jesús enfrentó uno de los momentos de tentación más grandes luego de que el Espíritu viniera sobre ÉL, después de su bautismo. Algunas personas que han sido llenas del Espíritu experimentan más tentación que cuando no lo eran.

Perfección sin pecado: obviamente esto no es verdad. Todo creyente peca y por ello debe confiar en el perdón de Dios y pedirle una llenura renovada cada día.

Señales bíblicas y universales de la llenura del Espíritu.

Los dones del Espíritu:

> Un don espiritual nos es dado a cada uno de nosotros con el fin de ayudar a toda la iglesia.
>
> -1 Corintios 12:7 (NVI)

El fruto del Espíritu:

> "En cambio, el fruto del Espíritu es amor, alegría, paz, paciencia, amabilidad, bondad, fidelidad, humildad y dominio propio".
>
> -Gálatas 5:22-23 (NVI)

El poder el Espíritu:

El Espíritu Santo nos da el poder para testificar (Hechos 1:8; Efesios. 3:20).

Los apóstoles no eran impetuosos ni orgullosos, pero tenían confianza y eran audaces debido a la llenura del Espíritu (Hechos 4:29).

¿Cómo puedo ser lleno el Espíritu Santo?

La llenura del Espíritu viene cuando somos limpiados de todo pecado conocido y rendimos toda área de nuestra vida a Jesucristo.

"Y yo le pediré al Padre, y él les dará otro *Consolador para que los acompañe siempre: el Espíritu de verdad, a quien el mundo no puede aceptar porque no lo ve ni lo conoce. Pero ustedes sí lo conocen, porque vive con ustedes y estará en ustedes".

-Juan 14:16-17 (NVI)

¿Cómo rendir nuestras vidas al Espíritu de Dios?

1. ____________________ por la llenura y desearla.

"En el último día, el más solemne de la fiesta, Jesús se puso de pie y exclamó: -¡Si alguno tiene sed, que venga a mí y beba! De aquel que cree en mí, como dice la Escritura, brotarán ríos de agua viva. Con esto se refería al Espíritu que habrían de recibir más tarde los que creyeran en él. Hasta ese momento el Espíritu no había sido dado, porque Jesús no había sido glorificado todavía".

-Juan 7:37-39 (NVI)

2. ________________________ pecado y recibe la limpieza de Dios.

"Si confesamos nuestros pecados, Dios, que es fiel y justo, nos los perdonará y nos limpiará de toda maldad".

-1 Juan 1:9 (NVI)

"Dos son los pecados que ha cometido mi pueblo: Me han abandonado a mí, fuente de agua viva, y han cavado sus propias cisternas, cisternas rotas que no retienen agua".

-Jeremías 2:13 (NVI)

3. ____________________ al Espíritu Santo.

- Permitir a Jesús que sea el Señor de tu vida, cada día

  Dile sí a Cristo.

  "He sido crucificado con Cristo, y ya no vivo yo sino que Cristo vive en mí. Lo que ahora vivo en el cuerpo, lo vivo por la fe en el Hijo de Dios, quien me amó y dio su vida por mí".

  -Gálatas 2:20 (NVI)

- Niégate a ti mismo, todos los días

  "Entonces llamó a la multitud y a sus discípulos. -Si alguien quiere ser mi discípulo -les dijo-, que se niegue a sí mismo, lleve su cruz y me siga. Porque el que quiera salvar su vida, la perderá; pero el que pierda su vida por mi causa y por el evangelio, la salvará".

-Marcos 8:34-35 (NVI)

____________________ para que nos llene como dijo que haría.

Actuando en la Verdad

1. ¿Qué círculo representa tu vida en este momento: el natural, el espiritual o el carnal? Probablemente, como muchos de nosotros, te gustaría eludir esta pregunta y decir: "Bien, sé que tengo a Cristo en mi vida y aunque sé que Cristo no es el Señor sobre todo en mi vida, sí es el Señor en tal o cual área". La Biblia no nos da una cuarta opción: no podemos ser parcialmente carnales o parcialmente espirituales. En este momento, Jesús ya es Señor sobre todo en tu vida o simplemente no lo es. Si no lo es, ¿estarías dispuesto a devolverle el trono de tu vida?
2. ¿Has ignorado o negado tu sed de Dios o de relaciones correctas? ¿Puedes admitir tu profunda sed ahora y venir a Él para saciar esa sed? ¿O has tratado de satisfacer tu sed cavando tu propio pozo?
3. ¿Qué pecados te han separado de Dios y han impedido que tengas compañerismo con Él? ¿Qué necesitas confesarle y de qué debes arrepentirte? Quizá necesites pasar un tiempo con Dios para pedirle que su Santo Espíritu te revele dónde estás equivocado y puedas nuevamente confiar en Su perdón, pidiéndole que te llene nuevamente.
4. ¿En qué área de tu vida necesitas confiar en Dios para tener el poder de hacer lo que Dios te manda a hacer? ¿En dónde necesitas actuar con fe? ¿A quién necesitas servir? ¿Quién necesitas que vea los dones que Dios te ha dado?

Termina memorizando la tarjeta no. 4, "La verdad acerca del Espíritu Santo". Al poner estas verdades en tu corazón, espera que Dios las use, te anime y anime a otros a través de tu vida

Preguntas de Discusión

1. ¿Dónde está la línea entre ser un cristiano imperfecto que vive la vida llena del Espíritu y un cristiano carnal que vive un estilo de vida centrado en sí mismo?
2. Algunos líderes cristianos dicen que más del 95 por ciento de los creyentes viven vidas mundanas - caracterizadas por algunas de esas luchas de las que hablamos en esta sesión. Pero la pregunta que clama por respuesta es: ¿por qué? Discute con el grupo, dos o tres razones por las que crean que es tan fácil y común conformarnos con menos, de lo mejor que Dios nos quiere dar para nuestras vidas espirituales.
3. Si pudieras escoger un área de tu vida en la cual quisieras ver obrar a Dios de formas extraordinarias, ¿cuál sería?
4. Si pudieras escoger una de tus cualidades para que Dios la desarrolle de gran forma, ¿cuál sería?
5. ¿Cómo se siente ser lleno del Espíritu Santo? ¿Qué tipo de pensamientos tienes cuando estás lleno del Espíritu?
6. Aprendimos que ser lleno es algo que Dios hace por nosotros. ¿Qué parte entonces juegas en la tarea de ser lleno del Espíritu? ¿Qué cosa, aunque pequeña, podrías hacer mañana para ser más consistentemente lleno del Espíritu?
7. Como creyentes en Cristo no podemos vivir la vida cristiana con nuestras propias fuerzas. Debemos tener la llenura y poder diarios del Espíritu Santo. No hay necesidad más importante que esta, para motivarnos a orar y preocuparnos por los demás en el grupo. Toma algo de tiempo antes de partir, para orar por las necesidades de cada uno en esta importante área. Antes de salir, haz una lista de la respuesta de cada persona a la pregunta 6, acerca de cómo ser más lleno del Espíritu. Copia esa lista en una tarjeta de 3 x 5 y dale una a cada persona del grupo para que puedan orar unos por otros. La lista se vería como algo así:

> Peticiones específicas de oración en el grupo - puntos específicos para ser más llenos del Espíritu :
>
> Juan: Tiempo de quietud.
>
> María: Confiar en el perdón de Dios.
>
> Guillermo: Pensar en Dios al comenzar cada hora del día.
>
> Helena: Tomar tiempo para orar por la familia.
>
> Pedro: Escoger decirle sí a Dios.
>
> Jeny: Ver a la gente en mi trabajo como personas a las que Jesús ama.

Para profundizar en el estudio

Bright, Bill. *El Espíritu Santo: La clave para una vida sobrenatural.* San Bernardino, Calif.: Campus Crusade for Christ, 1980.

Elwell, Walter, ed. *Análisis tópico de la Biblia.* Grand Rapids, Mich.: Baker, 1991.

Graham, Billy. *El Espíritu Santo: Activando el Poder de Dios en tu Vida.* Dallas: Word, 2000.

Ryrie, Charles Caldwell. *El Espíritu Santo.* Chicago: Moody Bible Institute, 1965.

Sanders, J. Oswald. *El Espíritu Santo y sus dones*. Grand Rapids, Mich.: Zondervan, 1973.

Stott, John. *El Bautismo y la llenura del Espíritu Santo.* Downers Grove, Ill.: InterVarsity Press, 1964.

Swindoll, Charles R. *Volando cerca de la llama.* Dallas: Word, 1993.

Respuestas a los espacios en blanco

natural
espiritual
carnal
todos pueden ser llenos
acción repetida
se nos ha dado
una orden
reconoce tu sed
arrepiéntete de tu
rinde todo tu ser
confía en Dios

La creación

1ª parte.

SESIÓN 9

Meta Transformadora.

Profundizar tu convicción de que el mundo y todo lo que hay en él fue creado por la acción personal de un Dios personal.

Estudiamos los orígenes de la vida porque todos nosotros necesitamos un sentido de identidad y propósito; lo que creemos acerca de nuestros orígenes afecta:

____

____

____

En este estudio responderemos tres simples preguntas. Las respuestas involucran quién es Dios, quiénes somos nosotros y por qué estamos aquí. Las tres preguntas son:

1. ¿Por qué creó Dios?
2. ¿Cómo creó Dios?
3. ¿Cuándo creó Dios?

¿Por qué creó Dios?

1. Dios creó por ______________________.

   Dios creó porque disfrutó creando. Leamos el Salmo 104:31.

   "Que la gloria del SEÑOR perdure eternamente; que el SEÑOR se regocije en sus obras".

   -Salmo104:31 (NVI)

   "Todo ha sido creado por medio de él y para él".

   -Colosenses 1:16 (NVI)

2. Dios creó para expresar su ________________________.

"Tuyo es el cielo, y tuya la tierra; tú fundaste el mundo y todo lo que contiene".

-Salmo 89:1 (NVI)

"Del SEÑOR es la tierra y todo cuanto hay en ella, el mundo y cuantos lo habitan"

-Salmo 24:1 (NVI)

3. Dios creó para reflejar su ________________________.

"Los cielos cuentan la gloria de Dios, el firmamento proclama la obra de sus manos. Un día comparte al otro la noticia, una noche a la otra se lo hace saber".

-Salmo 19:1-2 (NVI)

"Porque desde la creación del mundo las cualidades invisibles de Dios, es decir, su eterno poder y su naturaleza divina, se perciben claramente a través de lo que él creó, de modo que nadie tiene excusa".

-Romanos 1:20 (NVI)

Una observación más detallada.

La Biblia está llena de versículos que nos hablan acerca de la creación como expresión del carácter de Dios. Para profundizar en este tema, toma algo de tiempo antes de iniciar la siguiente sesión para leer estos versículos:

Neh. 9:5-6; Ps. 19:1-4; Sal. 104:30-32; Isa. 43:7; Rom. 1:20; 2 Cor. 4:6; Sal. 8:1, 3; Sal. 104:24; Isa. 51:12-13, 16; Amós 4:13

4. Dios creó para mostrar ________________.

"¡Oh SEÑOR, cuán numerosas son tus obras! ¡Todas ellas las hiciste con sabiduría!"

-Salmo 104:24 (NVI)

"Con sabiduría afirmó el SEÑOR la tierra, con inteligencia estableció los cielos".

-Proverbios 3:19 (NVI)

¿Cómo creó Dios?

"Y dijo Dios: "¡Que exista la luz!" Y la luz llegó a existir".

-Génesis 1:3 (NVI)

Hay tres visiones principales que, para nosotros como creyentes, son importantes

Evolución.

Esta no es una teoría acerca de la creación porque la evolución no aborda la existencia de un creador. En términos simples, la perspectiva de la evolución es que la vida se originó por un proceso natural, comenzando con la primera sustancia viviente (una célula) y continuando con el desarrollo de las distintas especies.

Existe una creencia extendida de que la evolución ya ha sido probada por la ciencia, con lo que el recuento bíblico acerca de la creación se volvería una mentira.

Es imposible probar ____________ cualquier teoría acerca de orígenes. Y esto porque el método científico se basa en la ______________ y la ____________________ así que es imposible hacer observaciones o experimentos acerca de los orígenes del universo.

Los problemas con la teoría de la evolución:

1. Se deja a Dios fuera de la creación

   Darwin mismo rechazó la idea de añadir la intervención de Dios en el concepto de evolución:

   > "La teoría de la selección natural de las especies no valdría nada para mí, si requeriría de adiciones milagrosas en cualquier estadio de evolución".[1]

2. Las probabilidades de evolución ____________________

   Al discutir las probabilidades de que una sola cadena de aminoácidos se combinara al azar, Francis Crick, codescubridor de la estructura molecular del ADN escribió:

   > Este es un ejercicio simple en términos de combinaciones matemáticas. Si la cadena es de 200 aminoácidos; esto es menos que la longitud promedio de las proteínas de todo tipo. Dado que tenemos solo 20 posibilidades en cada lugar, el número de posibilidades es de 20 multiplicado por sí mismo 200 veces. Entonces lo escribimos como 20^{200} ¡un 1 seguido de 260 ceros!
   >
   > Este número está más allá de nuestra comprensión. Para comparar, considera el número de las partículas fundamentales (átomos, para simplificarlo) en el universo visible, no sólo en nuestra propia galaxia con sus 10^{11} estrellas, sino en todos los billones de galaxias, fuera de los límites del espacio observable. Este número se estima en 10^{80}, una miseria comparado con 10^{260}. Aún más, hemos considerado en el ejemplo una cadena de polipéptidos de un largo modesto. Si hubiésemos considerado una mayor, el número hubiera sido aún más incalculable.[3]

   Para simplificarlo aún más y aclararlo, un escritor lo expresó de esta manera: Este argumento del origen de la vida es tan probable como que un avión 747 se ensamblara por casualidad en medio de un tornado, habiendo dejado las piezas sueltas en un depósito de chatarra.[5]

3. La falta de evidencia para la evolución de especie a especie

   Charles Darwin concedió este punto, la falta de evidencia. En sus escritos lo dijo así:

   > No tenemos registro alguno del cambio de una especie a otra... no podríamos probar que una especie ha cambiado.[6]

   La Biblia nos dice que Dios hizo a cada animal "según su especie." Esto sí es fácilmente verificable no sólo por los registros fósiles sino además por la observación científica y la experimentación. Los criadores de animales han creado exitosamente nuevas razas de animales, pero nunca han cambiado una especie a otra. No existe prueba de eso. En realidad, algo de lo que se ha enseñado podría probar que la teoría de la evolución debería ser descartada.

   > Ahora que han pasado unos 120 años de Darwin, el conocimiento de los fósiles se ha expandido notoriamente. Irónicamente, tenemos aún menos ejemplos de transiciones evolutivas que los que había en los tiempos de Darwin. Con esto quiero decir que algunos de los casos clásicos del cambio darwiniano en los registros fósiles, como el de la evolución del caballo en Norte América, tuvieron que ser descartados o modificados como resultado de una información más detallada.[7]

4. La ____________________ irreducible de las cosas vivientes

   > Por complejidad irreducible quiero decir un solo sistema compuesto por varias partes perfectamente ensambladas, y que interactúan para contribuir a una función básica, en la cual, el quitar una de las partes causaría que el sistema deje de funcionar efectivamente... Un sistema biológico irreducible, si hubiera algo así, sería un reto poderoso para la evolución darwiniana.[7]

La evolución teísta:

La teoría de la Evolución Teísta es la idea de que Dios, de alguna forma. usó el proceso de evolución como un medio a través del cual creó todo.

Esta teoría es atractiva para muchos porque nos da la impresión de tenerlo todo. Y la manera más sencilla de resolver una discusión es admitiendo que los dos tienen la razón. Pero ¿podemos hacer esto con la evolución y la creación? ¿Caben estas dos ideas juntas? Miremos esto más de cerca.

Aunque esta visión es muy atractiva para los que desean integrar los descubrimientos científicos con la Biblia, hay algunos problemas significativos con la idea de la evolución teísta.

1. La Biblia nos presenta a Dios como íntima y activamente ____________________ con cada aspecto y momento de la creación.

"Los cielos cuentan la gloria de Dios, el firmamento proclama la obra de sus manos".

-Salmo 19:1 (NVI)

"¡Sólo tú eres el SEÑOR! Tú has hecho los cielos, y los cielos de los cielos con todas sus estrellas. Tú le das vida a todo lo creado: la tierra y el mar con todo lo que hay en ellos. ¡Por eso te adoran los ejércitos del cielo!"

-Nehemías 9:6 (NVI)

"Por la palabra del SEÑOR fueron creados los cielos, y por el soplo de su boca, las estrellas.... porque él habló, y todo fue creado; dio una orden, y todo quedó firme".

-Salmo 33:6, 9 (NVI)

Greg Koukl escribe:

El problema con la teoría de la evolución teísta... es que implica diseño al azar, es como un círculo cuadrado. No existe tal cosa. El mezclar la evolución con la creación es como poner un cuadrado dentro de un hueco con forma de círculo. Simplemente no encaja.[10]

2. Una visión ________ en lugar de una _________ de Génesis 1-11

Debemos darnos cuenta de que el libro de Génesis es el fundamento de toda la Biblia. La palabra Génesis significa "principios". Génesis nos relata la historia del principio del universo, el sistema solar, la tierra y la vida. El hombre, el pecado, Israel, el resto de las naciones y la salvación. Una comprensión acertada del Génesis es crucial para nuestra comprensión del resto de las Escrituras.

Por ejemplo, los capítulos 1-11 del libro de Génesis son citados o se mencionan más de 100 veces en el Nuevo Testamento. Y es precisamente sobre éstos capítulos que se da la batalla principal acerca de la historicidad del Génesis. El Nuevo Testamento hace referencia a cada uno de los primeros once capítulos del Génesis. Todos los autores del Nuevo Testamento se refieren en alguna ocasión a Génesis 1-11.

¿Cómo pueden los primeros 11 capítulos estar separados del resto del Génesis? El tiempo de Abraham ha sido verificado por la arqueología, los lugares, costumbres y religiones relacionadas con Abraham son verdaderos. Pero la historia de Abraham comienza en Génesis 12. Si Génesis 1 es sólo mitología, ¿dónde cesan las alegorías y comienza la historia? Todo está escrito en un estilo histórico narrativo.[11]

3. Poniendo la __________ de Dios y la _______ de Dios en la misma categoría de revelaciones de Dios.

Si bien los cielos cuentan de la Gloria de Dios, no lo pueden hacer tan fiel y claramente como lo hace la Biblia.

"La hierba se seca y la flor se marchita, pero la palabra de nuestro Dios permanece para siempre".

-Isaías 40:8 (NVI)

"El cielo y la tierra pasarán, pero mis palabras jamás pasarán".

-Mateo 24:35 (NVI)

Creación sobrenatural.

Dios, personalmente y de forma sobrenatural creó los cielos y la tierra.

La ciencia nos puede proporcionar una evidencia razonable, pero en última instancia esto es un asunto de fe.

1. La ciencia nos presenta la teoría del big bang, pero se requiere de fe para creer que Dios dijo, "Sea la luz".

   La ciencia puede, en efecto señalarnos a un creador.

   - El 4 de mayo de 1992, La revista Times informó que el satélite explorador del cosmos de la NASA -COBE-había descubierto evidencia importante para probar que el universo, efectivamente, comenzó con una primera gran explosión que se conoce como el Big Bang. "Si eres una persona religiosa, es como estar mirando a Dios," proclamó el líder del equipo de investigación, George Smoot.[12]

   Pero sólo por la fe creemos en nuestro Creador.

   - En Génesis 1:3 la Biblia dice, "Y dijo Dios, 'Que sea la luz,' y la luz se hizo."

2. La ciencia nos muestra un diseño inteligente del universo, pero se requiere de la fe para creer en un Dios que creó el universo personalmente.

   La ciencia apunta a un Creador.

   - Un artículo de julio 20, de 1998, de la revista Newsweek titulado "La ciencia halla a Dios " reportó:

     Los investigadores han hallado señales de que el cosmos ha sido hecho concientemente para la vida. Resulta que si las constantes de la naturaleza -números fijos como la fuerza de la gravedad, la carga de un electrón o la masa de un protón- fuesen sólo un poquito diferentes, entonces los átomos no se mantendrían unidos, las estrellas no arderían y la vida jamás hubiese existido. "Cuando te das cuenta de que las leyes de la naturaleza fueron increíblemente establecidas para producir el universo que vemos," dice John Polkinghorne, quien tuvo una distinguida carrera como médico en la Universidad de Cambridge antes de convertirse en un sacerdote aglicano en 1982, "eso conspira con la idea de que el universo no sólo sucedió, sino que debió haber un propósito detrás de todo eso." Charles Townes, quien compartió en 1964 el premio Nóbel en Física por descubrir los principios del láser, va aún más allá: "Muchos tienen la sensación de que de alguna manera la inteligencia estuvo involucrada en las leyes del universo."[11]

   Pero sólo por la fe podemos creer en nuestro Creador.

   - En Génesis 1:1 La Biblia dice, "En el principio Dios creó los cielos y la tierra."

     Puede que exista una explicación para el nacimiento del universo por medio de una explosión inicial; pero si la hay, la ciencia no podrá encontrarla. La búsqueda de los orígenes por parte de los científicos termina en el momento de la creación. Esto suena tremendamente extraño, inesperado para todos, excepto para los teólogos. Estos siempre han aceptado la palabra de la Biblia: En el principio Dios creo los cielos y la tierra... Para el científico que ha vivido por su fe en el poder de la razón, la historia termina como un mal sueño. Ha escalado las montañas de la ignorancia; y está por llegar al pico más alto; cuando está por superar la roca final, es recibido por un grupo de teólogos que ya han estado sentados allí por siglos.[15]

-Robert Jastrow, fundador del Instituto Goddard para estudios espaciales de la NASA

¿Cuándo creó Dios?

1. Todos los evolucionistas creen que la tierra tiene __________.
2. Los creacionistas están divididos; la mayoría creen en una __________, pero hay otros que creen en un ____________.

El debate entre estas visiones se centra en la traducción de la palabra día (*yom* en Hebreo) el texto de Génesis 1. *Yom* puede tener cualquiera de los siguientes significados:

1. Un día de 24-horas, que suele ser lo más común en el Antiguo Testamento
2. Un período de tiempo no específico
3. Una era

Una observación más detallada.

Dos preguntas:

1. ¿Cómo pueden los creacionistas, que creen en "la vieja tierra", pensar que la tierra tiene billones de años cuando la Biblia dice que Dios la creó en sólo seis días?

   Ellos piensan que los días descritos en Génesis 1 representan millones de años o que existe una enorme brecha entre los días de la creación.

   Los creacionistas que creen en una tierra vieja no creen en la evolución. Creen en una creación ordenada por Dios que tomó mucho tiempo. No creen que la raza humana es fruto de la evolución, sino que hemos sido creados en un momento determinado de la creación, después de que el universo ya existiera por millones de años.

2. ¿Cómo pueden los creacionistas que creen en "un planeta joven", creer que la tierra tiene sólo miles de años, a la luz de tanta evidencia científica?

   Creen que Dios creó el universo en estricto orden - cuando la luz ya había alcanzado a la tierra y el ecosistema ya era maduro. Creen que este hecho (junto con el cataclismo del diluvio universal) ponen en tela de juicio las aparentes líneas temporales de la datación radioactiva, el campo magnético de la tierra, los depósitos de gas y petróleo, la rotación del planeta, etc.

La pregunta teológica más importante acerca de cuándo creó Dios es ¿cuándo entraron el pecado y la muerte en el mundo?

Siendo que . . .

La Biblia nos dice que la elección de pecar fue una decisión personal de Adán que trajo la muerte y la caída de la creación.

> Cuando Adán pecó, el pecado entró en la humanidad. El pecado de Adán trajo la muerte a todos, ya que todos en adelante pecaron.
>
> -Romanos 5:12 (NVI)

Romanos 8:20 nos dice que toda la creación sufre debido al pecado de Adán. Nuestro pecado ha infectado toda la creación.

Y siendo que . . .

La salvación que Jesús nos trae, está ligada en el Nuevo Testamento a la realidad histórica del pecado de Adán.

> De hecho, ya que la muerte vino por medio de un hombre, también por medio de un hombre viene la resurrección de los muertos. Pues así como en Adán todos mueren, también en Cristo todos volverán a vivir
>
> -1 Corintios 15:21-22 (NVI)

Por lo tanto . . .

Cualquier idea de la creación que teoriza que la muerte del ser humano y la caída de la creación de Dios se dieron antes del pecado de Adán y Eva, es contraria a la clara enseñanza de la Palabra de Dios.

Actuando en la verdad.

1. ¿Has aclarado hoy el asunto de quién te hizo a ti y al mundo? ¿Creerás lo que Dios dice acerca de sí mismo? ¿Y te decidirás a que sea Su Palabra la que determine las metas y objetivos en tu vida?
2. Ahora ¿refrescarás tus creencias (o creerás por primera vez) que eres una creación de Dios y eso quiere decir que tienes significado e importancia para ÉL?
3. ¿Harás hoy un nuevo compromiso para defender la verdad de que Dios es el Creador personal de todo lo que vemos?
4. Todos los días de esta semana, alaba y adora a Dios por su asombrosa obra. Al conducir o caminar, disfruta la belleza de lo que ves. Al trabajar, disfruta las habilidades que te ha dado Dios, y cuando pases tiempo con otros, disfruta lo únicos y maravillosamente distintos que Dios nos ha hecho a cada uno.

Comiencen a trabajar en la tarjeta de memorización no. 5, "La verdad acerca de la Creación".

Preguntas de Discusión

1. Una de las declaraciones al comenzar este estudio fue, "Lo que crees acerca de tu origen afecta tu autoestima, tus relaciones y tu perspectiva de Dios".

   ¿De qué formas sientes que tu visión de Dios como nuestro creador está impactando tus pensamientos acerca de ti mismo y de este mundo?
2. ¿Qué te asombra-simplemente te asombra-de la creación de Dios?
3. ¿Cómo podemos discutir la creación de una forma en la que no aparezcamos como científicamente incompetentes? ¿De qué formas podemos expresar a otros que no estamos ignorando la aparente evidencia, sino viéndola de diferente manera?
4. ¿Qué efecto causa sobre ti una discusión acerca de asuntos como los de la complejidad irreducible o los registros fósiles, te emociona o te aburre? ¿Por qué piensas que las personas son distintas en este punto: ¿Por qué algunos aman estudiar estos detalles, mientras otros viven alegremente ignorándolos?
5. ¿Qué podrías hacer para promover la idea de Dios como Creador y su Palabra como una fuente más confiable que la idea de la evolución, tanto en tu comunidad como con otros creyentes y tu familia?

Respuestas a los espacios en blanco

Tu valor personal
Tus relaciones
Como ves a Dios
Su propio bien
soberanía
carácter
sabiduría
científicamente
observación
experimentación
al azar
complejidad
involucrado
poética
histórica
creación
Palabra
Billones de años
Tierra joven
Planeta viejo

La creación.

2ª parte

Meta Transformadora.

Construir un fundamento sólido para adorar y obedecer a Dios como tu creador.

Siete verdades acerca de la creación que son fundamentos en nuestras vidas.

Dios creó todo de la __________

"Por la fe entendemos que el universo fue formado por la palabra de Dios, de modo que lo visible no provino de lo que se ve".

-Hebreos 11:3(NVI)

"Y dijo Dios: " ¡Que exista la luz!" Y la luz llegó a existir".

-Génesis 1:3 (NVI)

Circula la palabra "dijo."

Dios simplemente habló y la Creación se dió.

¡Dios dijo y se hizo!

¡Dios creó todo de la nada! Vuelve a capturar la maravilla de esto en la semana.

La creación se hizo en __________________

Dios dijo, "Sea la luz" ... Dios llamó a la expansión "cielo"... "Que el agua que está bajo el cielo se reúna en un solo lugar, y que la tierra seca aparezca ... Que la tierra produzca vegetación: plantas y frutos que den semilla de acuerdo a su especie... "Que existan luces en la expansión para separar el día de la noche, y para que sirvan como señales para marcar las estaciones, los días y los años ... Que el agua sea poblada con todo tipo de criaturas vivas, y que las aves vuelen sobre la tierra... Que la tierra produzca criaturas vivientes de acuerdo a su especie, y Hagamos al hombre a nuestra imagen y semejanza."

-Génesis 1:3-26 (NVI)

- Tanto los evolucionistas como los creacionistas creen en un universo ordenado.
- La evolución plantea que el orden emergió del caos.
- La Biblia enseña que el orden fue creado por diseño de Dios.

Esta semana: que la creación de Dios sea un constante recordatorio de que ¡Dios tiene un plan!

Dios vio que era ____________

"Dios consideró que la luz era buena y la separó de las tinieblas".

-Génesis 1:4 (NVI)

"A lo seco Dios lo llamó "tierra", y al conjunto de aguas lo llamó "mar". Y Dios consideró que esto era bueno".

-Génesis 1:10 (NVI)

"Comenzó a brotar la vegetación: hierbas que dan semilla, y árboles que dan su fruto con semilla, todos según su especie. Y Dios consideró que esto era bueno".

-Génesis 1:12 (NVI)

"Los hizo para gobernar el día y la noche, y para separar la luz de las tinieblas. Y Dios consideró que esto era bueno".

-Génesis 1:18 (NVI)

"Y creó Dios las grandes criaturas del mar y todo ser viviente que vive en el agua, todo de acuerdo a su especie, y toda ave alada, de acuerdo a su especie. Y Dios consideró que esto era bueno".

-Génesis 1:21 (NVI)

"Hizo Dios los animales salvajes de acuerdo a sus especies, los animales domésticos, de acuerdo a su especie y todas las criaturas que se mueven en la tierra de acuerdo a su especie. Y Dios consideró que esto era bueno".

-Génesis 1:25 (NVI)

"Y vio Dios todo lo que había creado y vio que era bueno en gran manera. Y pasaron la mañana y la tarde del sexto día".

-Génesis 1:31 (NVI)

- La Creación de Dios no es mala. El mundo no es lo que hace mala a la gente. Es la gente la que trae la maldad al mundo.
- No cometas el error de pensar que debido a algo en el mundo físico, existe la maldad.

"... en Dios, que nos provee de todo en abundancia para que lo disfrutemos".

-1 Timoteo 6:17 (NVI)

En esta semana: ¡Disfruta la creación de Dios!

El hombre es ___________________________________

¿Cómo creó Dios al hombre exactamente?

"Y Dios el SEÑOR formó al hombre del polvo de la tierra, y sopló en su nariz hálito de vida, y el hombre se convirtió en un ser viviente".

-Génesis 2:7 (NVI)

"Entonces Dios el SEÑOR hizo que el hombre cayera en un sueño profundo y, mientras éste dormía, le sacó una costilla y le cerró la herida. De la costilla que le había quitado al hombre, Dios el SEÑOR hizo una mujer y se la presentó al hombre,"

-Génesis 2:21 (NVI)

¿Cómo hemos sido creados a imagen de Dios?

1. Nuestra __________________: mente, voluntad, emociones
2. Nuestra ___________________: creados como varón y hembra

"Creó Dios al hombre a su imagen, a imagen de Dios lo creo, varón y hembra los creó".

-Génesis 1:27 (NVI)

Una observación más detallada.

Dado que toda la raza humana fue creada a la imagen de Dios,

ambos _____________ y ___________ tenemos igual valor.

ambos _____________ y ___________ tenemos igual valor.

"De un solo hombre hizo todas las naciones para que habitaran toda la tierra; y determinó los períodos de su historia y las fronteras de sus territorios. Esto lo hizo Dios para que todos lo busquen y, aunque sea a tientas, lo encuentren. En verdad, él no está lejos de ninguno de nosotros, "puesto que en él vivimos, nos movemos y existimos". Como algunos de sus propios poetas griegos han dicho: "De él somos descendientes."

-Hechos 17:26-28

3. Nuestra __________________: creados como seres morales, con una conciencia moral

En ese momento se les abrieron los ojos, y tomaron conciencia de su desnudez. Por eso, para cubrirse entretejieron hojas de higuera.

-Génesis 3:7 (NVI)

En todo esto procuro conservar siempre limpia mi conciencia delante de Dios y de los hombres.

-Hechos 24:16 (NVI)

Nuestra naturaleza moral incluye ambas, libertad de elección y responsabilidad por tus decisiones

4. Nuestra _______________: creados con la habilidad de relacionarnos con Dios

"Y no sólo esto, sino que también nos regocijamos en Dios por nuestro Señor Jesucristo, pues gracias a él ya hemos recibido la reconciliación".

-Romanos 5:11 (NVI)

En esta semana: enfócate intencionalmente cada día en el hecho de que has sido creado a imagen de Dios.

Dios _____________ el trabajo.

"Así quedaron terminados los cielos y la tierra, y todo lo que hay en ellos".

-Génesis 2:1 (NVI)

"Es cierto que su trabajo quedó terminado con la creación del mundo,"

-Hebreos 4:3 (NVI)

- El universo no es una sinfonía inconclusa.
- Este mundo y universo no son tareas en progreso.
- El universo es una tarea de creación ya terminada, que ha sido arruinada por la presencia del pecado.

Esta semana: Esperamos que Dios restaure su creación.

Dios ________________________ en el Séptimo Día

"Al llegar el séptimo día, Dios descansó porque había terminado la obra que había emprendido. Dios bendijo el séptimo día, y lo santificó, porque en ese día descansó de toda su obra creadora".

-Génesis 2:2-3 (NVI)

¿Por qué descansaría Dios?

Dos razones.

La primera razón:

- Para darnos un _________________ a seguir

  "Trabaja seis días, y haz en ellos todo lo que tengas que hacer, pero el día séptimo será un día de reposo para honrar al SEÑOR tu Dios. No hagas en ese día ningún trabajo, ni tampoco tu hijo, ni tu hija, ni tu esclavo, ni tu esclava, ni tus animales, ni tampoco los extranjeros que vivan en tus ciudades. Acuérdate de que en seis días hizo el SEÑOR los cielos y la tierra, el mar y todo lo que hay en ellos, y que descansó el séptimo día. Por eso el SEÑOR bendijo y consagró el día de reposo".

  -Éxodo 20:9-11 (NVI)

- Enseñarnos su plan para todas las épocas

  "Por consiguiente, queda todavía un reposo especial para el pueblo de Dios; porque el que entra en el reposo de Dios descansa también de sus obras, así como Dios descansó de las suyas. Esforcémonos, pues, por entrar en ese reposo, para que nadie caiga al seguir aquel ejemplo de desobediencia".

  -Hebreos 4:9-11 (NVI)

Esta semana: toma un día para un descanso de alabanza.

Dios mismo sostiene todo lo que hizo.

> "Él es anterior a todas las cosas, que por medio de él forman un todo coherente".
>
> -Colosenses 1:17 (NVI)

La palabra que se usa para afirmar que Dios continúa activo sosteniendo la creación es "providencia" de Dios. Nunca cometas el error de pensar que Dios hizo todo para luego dejar que su creación se maneje sola y por su cuenta. Hay literalmente cientos de versículos a través de la Biblia respecto al íntimo e intrincado cuidado de Dios, que sostiene su creación.

Desde la gota más pequeña hasta las naciones más grandes, ¡Dios lo sostiene todo!

Miremos Job 38 y el Salmo 47.

> "¿Acaso la lluvia tiene padre? ¿Ha engendrado alguien las gotas de rocío?"
>
> -Job 38:28 (NVI)

> "Dios reina sobre las naciones; Dios está sentado en su santo trono".
>
> -Salmo 47:8 (NVI)

Esta semana, busca al Dios que sostiene el universo para obtener la fuerza que te sotenga cada día.

Actuando en la Verdad.

Cómo alabar a Dios como tu creador.

"Viendo la creación como una expresión de tu amor..."

> "Al que hizo las grandes luminarias; su gran amor perdura para siempre. El sol, para iluminar el día; su gran amor perdura para siempre. La luna y las estrellas, para iluminar la noche; su gran amor perdura para siempre..... Al que alimenta a todo ser viviente; su gran amor perdura para siempre".
>
> -Salmo 136:7-9, 25

"Me arrodillo humildemente ante ti. . ."

> "doblemos la rodilla ante el SEÑOR nuestro Hacedor. Porque él es nuestro Dios y nosotros somos el pueblo de su prado; ¡somos un rebaño bajo su cuidado! Si ustedes oyen hoy su voz"
>
> -Salmo 95:6-7

"alabándote por este día . . ."

> "Éste es el día en que el SEÑOR actuó; regocijémonos y alegrémonos en él"
>
> -Salmo 118:24

"y dándote gracias por haberme creado."

> "¡Te alabo porque soy una creación admirable! ¡Tus obras son maravillosas, y esto lo sé muy bien!"
>
> -Salmo 139:14

Terminen memorizando la tarjeta no. 5, "La Verdad acerca de la Creación"- ¡Te asombrarás de cómo podrás compartir esta verdad en particular!

Preguntas de Discusión

1. ¿Qué viene a tu mente cuándo piensas en una de las imágenes más poderosas de la mente creativa de Dios? Debes ser específico.
2. ¿De qué formas te habla la creación de Dios específicamente acerca de la persona y carácter de Dios? Ejemplo: cuando veo las estrellas...el océano... las montañas, etc.
3. ¿Cómo te ayuda la verdad de que Dios es el Creador, a mirar este mundo con un mayor sentido de seguridad?
4. ¿Tiendes a ver las cosas materiales como "buenas" o "malas" en sí mismas? Discutan la diferencia entre reconocer que el mal está presente en este mundo y pensar que todo lo que es material debe ser malo.
5. ¿Qué sentimientos se presentan cuando enfocas tus pensamientos en la realidad de que la raza humana ha sido creada a la imagen de Dios?
6. ¿Qué tan bien te va siguiendo el ejemplo de Dios de descansar? ¿Qué cosas prácticas puedes hacer mejor para seguir su ejemplo? (¡Sabemos que esta pregunta asume que no lo estamos haciendo tan bien!)

Para profundizar en el estudio

Geisler, Norman L. *Ciencia de los orígenes.* Grand Rapids, Mich.: Baker, 1987.

Ham, Ken. *Solución del Génesis.* Grand Rapids, Mich.: Baker, 1988.

Ham, Ken. *La mentira: Evolución.* El Cajon, Calif.: Creation Life, 1987.

Huse, Scott M. *El Colapso de la Evolución.* Grand Rapids, Mich.: Baker, 1983. McGowan, C. H. *En Seis Días.* Van Nuys, Calif.: Bible Voice, 1976.

Morris, Henry. *El Comienzo del Mundo.* El Cajon, Calif.: Creation Life, 1991.

Ross, Hugh. *La Creación y el Tiempo.* Colorado Springs: NavPress, 1994.

Ross, Hugh. *La Huella de Dios.* Orange, Calif.: Promise, 1989.

Stoner, Don. *Una Nueva Visión de una Tierra vieja.* Eugene, Ore.: Harvest House, 1997.

Respuestas a los espacios en blanco

nada
orden apropiado
bueno
corona de la creación
personalidad
sexualidad
varón, hembra
raza
moralidad
espiritualidad
terminó
descansó
ejemplo

La Salvación.

1ª parte.

Metas Transformadoras.

Darte un entendimiento acerca de la salvación como un regalo de Dios que te permite:

- Amar a Dios más profundamente por lo que Él hizo por ti
- Tener más confianza para compartir con otros lo que Dios puede hacer por ellos.

El tema principal de la Biblia es el plan eterno de Dios para rescatarnos de nuestro pecado a través del nacimiento de Jesús, su muerte en la cruz, y su resurrección.

Dios sabía desde el principio que su creación iba a necesitar de un salvador, así que arregló todo lo necesario para lograr la salvación de sus hijos.

Dado que el mensaje de la cruz es tan familiar para algunos, debemos cuidarnos de las actitudes como la complacencia, aburrimiento y la falta de conciencia, pero sobre todo del clásico: "Ya lo había escuchado antes". Hay tantos niveles de conocimiento de la verdad acerca de la obra de Cristo, que nunca podremos llegar al punto de que no tengamos nada mas que aprender al respecto.

En el estudio de hoy nos concentraremos en:

El problema: la necesidad de salvación

La provisión: la solución de la salvación

En la siguiente sesión veremos:

La promesa: La seguridad de la salvación

El problema: La necesidad de salvación del hombre

Para comprender la necesidad del hombre de salvación, debemos observar dos cosas: la naturaleza de Dios y la naturaleza del hombre.

La naturaleza de Dios no puede y no va a permitir que toda esta maldad continúe.

Subestimamos nuestra necesidad de un salvador porque subestimamos lo que Dios es.

1. Dios es ________.

   "Porque lo dice el excelso y sublime, el que vive para siempre, cuyo *nombre es *santo: "Yo habito en un lugar santo y sublime, pero también con el contrito y humilde de espíritu, para reanimar el espíritu de los humildes y alentar el *corazón de los quebrantados".

   -Isaías 57:15 (NVI)

   "Exalten al SEÑOR nuestro Dios; adórenlo en su santo monte: ¡Santo es el SEÑOR nuestro Dios!"

   -Salmos 99:9 (NVI)

   "Son tan puros tus ojos que no puedes ver el mal; no te es posible contemplar el sufrimiento".

   -Habacuc 1:13(a) (NVI)

   Dios no puede tolerar nada malo.

2. Dios es ________________________.

   La santidad tiene más que ver con el carácter de Dios.

   El hecho de que Él es correcto y justo, en cambio, tiene que ver con su manera de tratar al hombre en relación con su carácter.

   "El SEÑOR es compasivo y justo; nuestro Dios es todo ternura".

   - Salmo 116:5 (NVI)

   "El SEÑOR es justo en todos sus *caminos y bondadoso en todas sus obras".

   - Salmo 145:17 (NVI)

La naturaleza del hombre.

1. Nuestra naturaleza: somos pecadores.

   La Biblia nos presenta la decisión pecaminosa de Adán y Eva, que los llevó a desobedecer a Dios y sus instrucciones de no comer del árbol del conocimiento del bien y del mal (Gen. 2:17; 3). Sin saberlo, ellos liberaron la acometida del mal y la caída que impregna nuestro mundo actual. Dios los maldijo a ellos y a todos sus descendientes.

2. Nuestra elección: pecar.

   Dios dice que todos nosotros hemos sido hallados culpables por nuestra relación con Adán y por nuestras propias elecciones (Rom. 5:18-19; 3:10-18).

3. Nuestra condición: estamos perdidos (Lucas 19:10).

Una observación mas detallada.

¿Cuáles son las consecuencias del pecado y la perdición?

- Sentenciados a muerte física y espiritual (Gen. 3:19; Juan 3:18; Romanos 6:23)
- Separados de Dios (Efesios 2:12)
- Dominados y controlados por el pecado (Ef. 2:1-3; Rom. 6:6)
- Ceguera espiritual (2 Cor. 4:3-4)
- Falta de entendimiento (Rom. 3:11)
- Enemigos de Cristo (Mat. 12:30)
- Objetos de la ira de Dios (Efesios 2:3)
- Considerados hijos del Maligno (Juan 8:44)

La Biblia presenta la perdición del ser humano como la peor condición imaginable en la que puede estar alguien. No sólo desperdiciamos nuestra vida terrenal viviendo sólo para nosotros mismos y para nuestros deseos egoístas, sino que además tenemos consecuencias eternas (Rom. 6:23; Lucas 13:3; Mateo 25:46).

La provisión: La solución al pecado.

La solución de Dios son las tres últimas palabras de este versículo: fe en Jesús.

> "Dios lo ofreció como un sacrificio de expiación que se recibe por la fe en su sangre, para así demostrar su justicia. Anteriormente, en su paciencia, Dios había pasado por alto los pecados; pero en el tiempo presente ha ofrecido a Jesucristo para manifestar su justicia. De este modo Dios es justo y, a la vez, el que justifica a los que tienen fe en Jesús".
>
> -Romanos 3:25-26 (NVI)

Tres verdades centrales acerca de nuestra salvación.

1. La salvación no se da por obras sino por ________________.

   Leamos juntos Efesios 2:8-9.

   > Porque por gracias ustedes han sido salvados mediante la fe; esto no procede de ustedes, sino que es el regalo de Dios, no por obras, para que nadie se jacte.
   >
   > —Efesios 2:8–9 (NVI)

2. La salvación no se da por nuestra iniciativa sino por la de ________________________.

   Es decir que no se trata de que el hombre haya alcanzado a Dios _______, sino que Dios alcanzó al hombre ________.

   "A la verdad, como éramos incapaces de salvarnos, en el tiempo señalado Cristo murió por los malvados. Difícilmente habrá quien muera por un justo, aunque tal vez haya quien se atreva a morir por una persona buena. Pero Dios demuestra su amor por nosotros en esto: en que cuando todavía éramos pecadores, Cristo murió por nosotros".

   -Romanos 5:6-8 (NVI)

3. La salvación no es un arreglo que Dios hizo a última hora; es ________________________.

   "Como bien saben, ustedes fueron rescatados de la vida absurda que heredaron de sus antepasados. El precio de su rescate no se pagó con cosas perecederas, como el oro o la plata, sino con la preciosa sangre de Cristo, como de un cordero sin mancha y sin defecto. Cristo, a quien Dios escogió antes de la creación del mundo, se ha manifestado en estos últimos tiempos en beneficio de ustedes".

   -1 Pedro 1:18-20 (NVI)

   "Pues Dios nos salvó y nos llamó a una vida *santa, no por nuestras propias obras, sino por su propia determinación y gracia. Nos concedió este favor en Cristo Jesús antes del comienzo del tiempo;"

   -2 Timoteo 1:9 (NVI)

Siete descripciones de la salvación.

1. ________________________: Jesús murió en mi lugar.

   "Porque Cristo murió por los pecados una vez por todas, el justo por los injustos, a fin de llevarlos a ustedes a Dios. Él sufrió la muerte en su *cuerpo, pero el Espíritu hizo que volviera a la vida".

   -1 Pedro 3:18 (NVI)

   - Se hizo pecado por mí (2 Cor. 5:21).
   - Cargó mi pecado en su cuerpo en la cruz (1 Pedro 2:24).
   - Sufrió una sola vez para borrar los pecados de todos (Heb. 9:28).
   - Fue torturado por el pecado de otros (Isa. 53:4-6).
   - Se hizo maldito por mí (Gal. 3:13).

   "He sido crucificado con Cristo, y ya no vivo yo sino que Cristo vive en mí. Lo que ahora vivo en el cuerpo, lo vivo por la fe en el Hijo de Dios, quien me amó y dio su vida por mí".

   -Gálatas 2:20 (NVI)

2. __________________________: Jesús restauró mi relación con Dios.

"Ustedes no pudieron ser *justificados de esos pecados por la ley de Moisés, pero todo el que cree es justificado por medio de Jesús".

- Hechos 13:39 (NVI)

"Él fue entregado a la muerte por nuestros pecados, y resucitó para nuestra justificación".

-Romanos 4:25 (NVI)

3. ______________________________: Jesús hizo posible que tengamos paz con Dios. possible.

"Él fue entregado a la muerte por nuestros pecados, y resucitó para nuestra justificación"

-2 Corintios 5:19 (NVI)

"Porque si, cuando éramos enemigos de Dios, fuimos reconciliados con él mediante la muerte de su Hijo, ¡con cuánta más razón, habiendo sido reconciliados, seremos salvados por su vida!"

-Romanos 5:10 (NVI)

Jesús es el puente entre Dios y el hombre

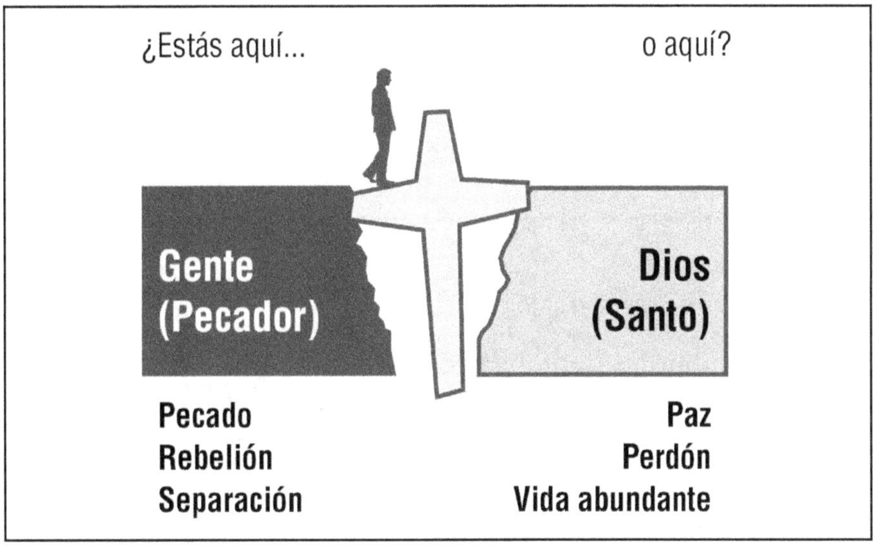

4. ______________________: Jesús me hizo parte de su familia.

"nos predestinó para ser adoptados como hijos suyos por medio de Jesucristo, según el buen propósito de su voluntad"

-Efesios 1:5 (NVI)

"Y como somos sus hijos, compartiremos con él sus tesoros - porque todo lo que Dios ha dado a su Hijo, Jesús es ahora también de nosotros".

-Romanos 8:17 (LB, traducido)

"Y ustedes no recibieron un espíritu que de nuevo los esclavice al miedo, sino el Espíritu que los adopta como hijos y les permite clamar: "¡*Abba! ¡Padre!""

-Romanos 8:15 (NVI)

5. ______________________________: Jesús compró mi salvación con su sangre.

Una palabra fresca

Redención.

La palabra griega para redención se refiere a los esclavos que eran comprados en el mercado. En el sentido espiritual, todos nosotros fuimos esclavos hasta que Jesús nos compró en el mercado de esclavos y nos liberó de nuestras cadenas de pecado. Dado que Jesús nos compró y pagó por nosotros con su sangre, ahora le pertenecemos a Él exclusivamente.

"Él nos libró del dominio de la oscuridad y nos trasladó al reino de su amado Hijo, en quien tenemos redención, el perdón de pecados".

-Colosenses 1:13-14 (NVI)

"Como bien saben, ustedes fueron rescatados de la vida absurda que heredaron de sus antepasados. El precio de su rescate no se pagó con cosas perecederas, como el oro o la plata, sino con la preciosa sangre de Cristo, como de un cordero sin mancha y sin defecto".

-1 Pedro 1:18-19 (LB)

6. __________________________: Jesús satisfizo completamente la justicia de Dios.

Una palabra fresca

Propiciación

Propiciar es satisfacer o cumplir las demandas o requerimientos de alguien . En los círculos religiosos significaba "apaciguar a los Dioses". El sentido bíblico de esta palabra se refiere a lo que satisface la justicia de Dios para lograr su misericordia.

La figura de la propiciación en el Antiguo Testamento es la "cubierta de la expiación", que era parte del arca del pacto en el tabernáculo en primer lugar, y más tarde en el templo. Este es el lugar en donde la sangre era rociada como una ofrenda por el pecado del pueblo.

"Él es el sacrificio por el perdón de nuestros pecados, y no sólo por los nuestros sino por los de todo el mundo".

-1 Juan 2:2 (NVI)

"En esto consiste el amor: no en que nosotros hayamos amado a Dios, sino en que él nos amó y envió a su Hijo para que fuera ofrecido como sacrificio por el perdón de nuestros pecados".

-1 Juan 4:10 (NVI)

7. ________________________: Jesús se llevó mi pecado, lejos de mí.

"En él tenemos la redención mediante su sangre, el perdón de nuestros pecados, conforme a las riquezas de la gracia".

-Efesios 1:7 (NVI)

"Antes de recibir esa circuncisión, ustedes estaban muertos en sus pecados. Sin embargo, Dios nos dio vida en unión con Cristo, al perdonarnos todos los pecados".

-Colosenses 2:13 (NVI)

"Tan lejos de nosotros echó nuestras transgresiones como lejos del oriente está el occidente"

-Salmo 103:12 (NVI)

"arroja al fondo del mar todos nuestros pecados".

-Miqueas 7:19 (NVI)

Tres aspectos de la salvación: pasado, presente y futuro.

1. En él __________, fui salvo del _________ del pecado (justificación).
2. En él ________, soy salvo del _________ del pecado (santificación).
3. En él ______, seré guardado de la _______ del pecado (glorificación)

Esto significa que la muerte de Jesús logró todo lo que Dios deseaba -Jesús dijo "Consumado es" - aún no hemos experimentado todo lo que envuelve le experiencia de la salvación. ¡Aún hay más que esperar!

Perspectiva personal clave.

¿Será que para ser salvo debemos comprender todas las verdades que hemos discutido el día de hoy? No.

Para ser salvos necesitamos saber solo tres verdades:

1. Soy un pecador.
2. Jesús murió en mi lugar.
3. Si pido perdón a Dios por rebelarme contra Él y confío en Jesús como mi Señor, Él me salvará

Nadie puede decir que estas tres verdades son difíciles de comprender. La realidad de la salvación es tan simple que hasta un niño la puede comprender, y al mismo tiempo tan profunda, como para estudiarla por el resto de tu vida y nunca llegar a comprenderla realmente.

La pregunta final: ¿Has aceptado el regalo de perdón de Dios por tus pecados, el que Jesús pagó en su muerte en la cruz?

Comiencen a memorizar la tarjeta no. 6, "La verdad acerca de la Salvación."

Apéndice.

Recurso suplementario.

La doctrina de la elección o predestinación es una de las más difíciles de comprender para un cristiano. En términos simples, la elección significa que ciertas personas son elegidas para ciertos propósitos. Tal como elegimos a los oficiales del gobierno. La elección espiritual atiende a la pregunta de cómo nos escoge Dios para la salvación.

Hay dos corrientes de pensamiento bien definidas respecto a la elección: Calvinistas y Arminianos. El calvinismo (llamado así por Juan Calvino, un teólogo dl siglo XVI) enfatiza palabras como elegir, elegido o predestinado. Los calvinistas creen que solo ciertas personas han sido elegidas para ser salvas y por lo tanto, Dios pasa por alto a los que no son elegidos. Basan sus versiones en versículos como 1 Pedro 1: 1-2.

> "Pedro, apóstol de Jesucristo, a los elegidos, extranjeros dispersos por el Ponto, Galacia, Capadocia, Asia y Bitinia, según la previsión de Dios el Padre, mediante la obra santificadora del Espíritu, para obedecer a Jesucristo y ser redimidos por su sangre: Que abunden en ustedes la gracia y la paz". -
>
> -1 Pedro 1:1-2

Los Arminianos, (llamados así por Arminio, otro teólogo del siglo XVI) enfatizan palabras como "esperando que nadie perezca". Basan sus criterios en versículos como Juan 3:16 y 2 Pedro 3:9 . Los arminianos creen en el libre albedrío y en que Dios conoce de antemano quiénes aceptarán su propuesta de salvación poniendo su fe en Jesucristo; y por ello, los escoge basado en ese conocimiento previo.

> "El Señor no tarda en cumplir su promesa, según entienden algunos la tardanza. Más bien, él tiene paciencia con ustedes, porque no quiere que nadie perezca sino que todos se arrepientan".
>
> -2 Pedro 3:9

Creemos que las Escrituras enseñan las dos verdades, y el excluir uno de estos versículos o enfatizar uno sobre otros es desequilibrarse. Dios nos da la libertad de escoger si amarlo o no. Nuestra libertad, sin embargo, no precede la elección soberana de Dios. Estas dos ideas son difíciles de conciliar en nuestras mentes finitas. Al final, este es un asunto de confianza. El pensamiento más atemorizante que captura las mentes de algunas personas es: "¿Y qué si yo quiero a Dios pero Él no me desea?"

La realidad es que ¡eso no puede suceder! Si deseas a Dios, ¡eres uno de los elegidos!

Preguntas de Discusión

1. ¿Qué te sorprende más de la salvación de Dios?
2. ¿Crees que alguno de nosotros se haya sentido tan perdido como realmente estaba antes de ser salvo? ¿Has visto algún ejemplo que te compruebe que mientras más perdida se siente la persona más aprecia el regalo de la salvación?
3. La realidad de la justificación es muy difícil de comprender para muchos. ¿Qué hace que tengamos tantos problemas para vernos justos delante de Dios? ¿Qué te ha ayudado a aumentar tu fe en la promesa de Dios de que somos justificados?
4. ¿De qué maneras nos damos crédito a nosotros mismos o nos sentimos orgullosos respecto de nuestra salvación? ¿Qué cosa ha hecho que dudes de la realidad de que la salvación es sólo por gracia?
5. Las siete figuras de la salvación que hemos revisado en este estudio están entre los tesoros más grandes de nuestras vidas.
    1. Sustitución: Jesús murió en mi lugar.
    2. Justificación: Jesús restablece mi relación con Dios.
    3. Reconciliación: Jesús hace posible que esté en paz con Dios.
    4. Adopción: Jesús me hace ser parte de la familia de Dios.
    5. Redención: Jesús compró mi salvación con su sangre.
    6. Propiciación: Jesús satisfizo la justicia de Dios.
    7. Perdón: Jesús borró todos mis pecados.

    ¿Cuál ha tenido el mayor impacto emocional en ti?

    ¿Cuál te gustaría comprender mejor?

    ¿Cuál crees que podría ayudarte a explicarle a alguien cómo ser salvo?

Respuestas a los espacios en blanco

Santo
Recto y justo
gracia
Dios
arriba
abajo
plan eterno
sustitución
justificación
reconciliación

adopción
redención
propiciación
perdón
pasado
castigo
presente
poder
futuro
presencia

La Salvación.

2ª parte

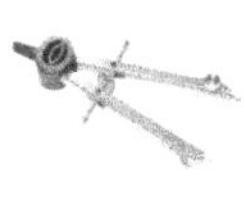

Meta Transformadora.

Darte la seguridad de la salvación de Dios, lo cual resultará en la profundización de la seguridad en el amor de Dios y el aprecio de su gracia.

Revisión.

- El tema principal de la Biblia es el plan eterno de Dios para rescatarnos del castigo, poder y presencia del pecado, a través de la muerte y resurrección de su Hijo Jesucristo.
- La naturaleza de Dios es santa, recta, y justa. El hombre es pecador tanto por naturaleza como por elección. ¿La solución de Dios? ¡Ha provisto un salvador!
- Vimos siete descripciones de lo que Jesús hizo en la cruz:
  1. Sustitución: Jesús murió en mi lugar.
  2. Justificación: Jesús restablece mi relación con Dios.
  3. Reconciliación: Jesús hace posible que esté en paz con Dios.
  4. Adopción: Jesús me hace ser parte de la familia de Dios.
  5. Redención: Jesús compró mi salvación con su sangre.
  6. Propiciación: Jesús satisfizo la justicia de Dios.
  7. Perdón: Jesús borró todos mis pecados.

Aún cuando Dios nos ha provisto de estas riquezas, muchos cristianos aún dudan de su salvación. La última vez, vimos este problema (necesidad de salvación) y su provisión (la solución de la salvación). En esta sesión veremos cómo estar confiados en nuestra salvación.

¿Por qué tantas personas tienen dudas acerca de su salvación?

- Porque no tienen claro el ________________ en el que recibieron a Cristo
- Porque se cuestionan acerca de si fue o no ________________ en la que expresaron su fe en Jesucristo.

  "¿Oré correctamente? ¿Sabía todo lo que debía saber? ¿No tendría que haber sentido algo distinto?"

- Por los ____________ que se cometen después de la salvación.

  Hay una diferencia entre mi seguridad personal de salvación y la seguridad de la salvación prometida. Sin importar si tengo o no un sentimiento de seguridad personal, esta seguridad es un hecho real basado en la promesa de Dios. En este estudio, veremos cómo la promesa de salvación de Dios profundiza nuestra confianza en nuestra salvación.

La promesa de la seguridad de la salvación

Cada miembro de la Trinidad juega un rol importante en nuestra seguridad de salvación.

La decisión soberana del ____________

- Dios nos ha declarado "inocentes" ante sus ojos y ha cancelado el castigo que nos correspondía.

  "Ciertamente les aseguro que ya viene la hora, y ha llegado ya, en que los muertos oirán la voz del Hijo de Dios, y los que la oigan vivirán".

  -Juan 5:24 (NVI)

  "Porque tanto amó Dios al mundo, que dio a su Hijo unigénito, para que todo el que cree en él no se pierda, sino que tenga vida eterna.. . . . El que cree en él no es condenado, pero el que no cree ya está condenado por no haber creído en el nombre del Hijo unigénito de Dios".

  -Juan 3:16, 18 (NVI)

- Estoy en paz con Dios; la guerra entre nosotros ha terminado.

  "En consecuencia, ya que hemos sido justificados mediante la fe, tenemos paz con Dios por medio de nuestro Señor Jesucristo".

  -Romanos 5:1 (NVI)

- Dios ha determinado que nada podrá alguna vez separarnos de su amor.

"Pues estoy convencido de que ni la muerte ni la vida, ni los ángeles ni los demonios, ni lo presente ni lo por venir, ni los poderes, ni lo alto ni lo profundo, ni cosa alguna en toda la creación, podrá apartarnos del amor que Dios nos ha manifestado en Cristo Jesús nuestro Señor".

-Romanos 8:38-39 (NVI)

La obra sacerdotal de ________________

Una observación detallada.

En el sistema de sacrificios del Antiguo Testamento, el sumo sacerdote era el líder espiritual más alto. El sólo, entraba al lugar santísimo y rociaba la sangre en el propiciatorio una vez al año en el día de la propiciación. Jesús es nuestro sumo sacerdote. Cuando Jesús murió en la cruz, fue ambas cosas, el último sacrificio, y el último en hacerlo. Él vive eternamente para hacer la obra de un sumo sacerdote. Ser nuestro intercesor y mediador.

- Jesús vive para ser ________________ en mi lugar.

La palabra intercesión significa "declararse en lugar de otro". Esto es lo que hace Jesús por nosotros (se declara culpable y nos declara inocentes.) Aún hoy, Jesús intercede en oración por nosotros.

"Por eso también puede salvar por completo a los que por medio de él se acercan a Dios, ya que vive siempre para interceder por ellos".

-Hebreos 7:25 (NVI)

"Ya no voy a estar por más tiempo en el mundo, pero ellos están todavía en el mundo, y yo vuelvo a ti. "Padre santo, protégelos con el poder de tu nombre, el nombre que me diste, para que sean uno, lo mismo que nosotros...no te pido que los quites del mundo, sino que los protejas del maligno".

-Juan 17:11, 15 (NVI)

- Jesús vive para ______________ por mí.

"Mis queridos hijos, les escribo estas cosas para que no pequen. Pero si alguno peca, tenemos ante el Padre a un intercesor, a Jesucristo, el Justo. Él es el sacrificio por el perdón de nuestros pecados, y no sólo por los nuestros sino por los de todo el mundo".

-1ª Juan 2:1-2 (NVI)

- Jesús es _________, aunque yo no le sea fiel.

Leamos juntos 2 Timoteo 2:11-13.

"Este mensaje es digno de crédito: Si morimos con él, también viviremos con él; si resistimos, también reinaremos con él. Si lo negamos, también él nos negará; si somos infieles, él sigue siendo fiel, ya que no puede negarse a sí mismo".

-2 Timoteo 2:11-13 (NVI)

"Mantengamos firme la esperanza que profesamos, porque fiel es el que hizo la promesa".

-Hebreos 10:23 (NVI)

Una observación detallada.

Vivimos en días de infidelidad. Nadie es confiable ni mantiene sus promesas. Esto es verdad tanto para los individuos como para las naciones. Los maridos, a menudo, son infieles a los votos que hicieran a sus esposas. Las esposas también son infieles a sus maridos. Los hijos son infieles a los principios enseñados por sus padres, los padres son infieles porque no satisfacen las necesidades de sus hijos. Los empleados son infieles al no cumplir completamente sus obligaciones y responsabilidades con sus empleadores. Debemos reconocer que los cristianos somos a menudo infieles a Dios, aunque Dios siempre es fiel. Ninguno de nosotros puede declararse libre del pecado de infidelidad.

Sólo Dios es siempre fiel y mantiene totalmente cada promesa. Este hecho es vital, porque todo lo que creemos descansa en la fidelidad de Dios, y nuestro destino eterno está asegurado en eso. En contraste a la infidelidad que reina a nuestro alrededor, es estimulante alzar nuestros ojos a nuestro amado Dios, quien es siempre fiel.

-John MacArthur

El poder del _______________ para sellarnos.

IEn nuestro estudio del Espíritu Santo, vimos, que en el momento de nuestra salvación, el Espíritu Santo realiza varias obras que nos garantizan la salvación para siempre.

- El Espíritu Santo me regenera (me da el nuevo nacimiento).
- El Espíritu Santo me bautiza.
- El Espíritu Santo habita en mi, como un regalo de Dios.
- El espíritu Santo me sella.

> "En él también ustedes, cuando oyeron el mensaje de la verdad, el evangelio que les trajo la salvación, y lo creyeron, fueron marcados con el sello que es el Espíritu Santo prometido".
>
> -Efesios 1:13 (NVI)

Podemos tener la seguridad de nuestra salvación porque en el pasado, Cristo saldó cuentas con Dios por cada uno de nosotros. Ahora, Jesús vive para interceder por nosotros y el Espíritu Santo nos garantiza que nuestro futuro está lleno de gloria. Es la tarea de Dios asegurarnos nuestra salvación -nada podemos hacer para lograr que deje de amarnos o deje de ser fiel a sus propias promesas.

Te animo a memorizar el siguiente versículo, especialmente aquellos que están llenos de dudas acerca del amor incondicional de Dios.

> "Mis ovejas oyen mi voz; yo las conozco y ellas me siguen. Yo les doy vida eterna, y nunca perecerán, ni nadie podrá arrebatármelas de la mano. Mi Padre, que me las ha dado, es más grande que todos; y de la mano del Padre nadie las puede arrebatar".
>
> -Juan10:27-29 9 (NVI)

La seguridad personal de mi salvación.

¿Cómo manejo las dudas acerca de mi salvación?

Cuando las personas no están seguras de su salvación hay grandes posibilidades de que:

- No sean salvos.
- Estén desobedeciendo a Dios; la desobediencia nos hace perder el gozo de nuestra salvación y nos lleva a pensar si Dios realmente nos ama.
- Estén experimentando la tentación de la duda de Satanás, quien obviamente no desea que nos sintamos seguros en nuestra relación con el Señor.

¿Y qué tal si no puedo recordar cuándo me convertí en un cristiano?

Si bien el llegar a Jesucristo es a menudo un proceso, en algún punto de nuestras vidas damos el paso y pasamos "de muerte a vida". Nadie se salva "gradualmente".

Oración de seguridad

Sólo ora algo como esto.

> *"Jesús, sé que hice este compromiso antes, pero no puedo recordar exactamente cuándo fue esto, por lo cual me quedan dudas. Así que justo aquí y ahora, (di la fecha) aseguro en mi corazón el hecho de que te he dado mi vida a ti. Confío en ti y solo en ti para que perdones las cosas malas que he hecho. Te pido que seas el Señor. -jefe y gobernador- de mi vida. Amén.*

Si no estás seguro de ser creyente, asegúrate ahora mismo. Pídele a Jesús que perdone tus pecados y que venga a morar en tu corazón. Escribe esta fecha en la parte frontal de tu Biblia o libro de anotaciones -hazlo ahora mismo. Desde ahora en adelante, cuando seas tentado a dudar, puedes abrirla Biblia y mirar la fecha - recordándote a ti mismo la realidad de tu compromiso con Jesucristo. Y cuando Satanás trate de fastidiarte para que te preguntes si eres o no un creyente, puedes mostrarle este día y recordar que le pediste a Jesucristo que sea tu Salvador.

¿Qué pasa con mi relación con Dios cuando peco?

Cuando un cristiano peca, la armonía con Dios se rompe, pero la relación permanece intacta. Dios ha dicho que hemos sido adoptados en su familia con todos los derechos y privilegios de su hijo Jesucristo. Dios nunca negará a Jesús, tampoco lo hará con nosotros. Pero el pecado en nuestras vidas es algo con lo que debemos tratar. Miremos estos diagramas para seguir el proceso de lo que sucede cuando un cristiano peca.

Barreras del pecado frente a la salvación

Barreras del lado de Dios		Barreras del lado del hombre	
Dios	1. Justicia de Dios demanda castigo de su culpa.	1. Conocimiento del hombre de su culpa temor por el castigo.	Hombre
	2. Santidad de Dios demanda rechazo de los no santos.	2. Conocimiento del hombre por su falta de santidad trae temor de rechazo.	
	3. Perfección de Dios demanda devaluación de lo imperfecto.	3. Conocimiento del hombre por su imperfección trae la pérdida de autoestima.	

Barreras del pecado después de la salvación cuando olvidamos que Dios nos acepta totalmente

Barreras del lado de Dios		Barreras del lado del hombre	
Dios	Totalmente removidas por la muerte de Jesús.	Castigo, rechazo y pérdida de, auto estima como resultado de experiencias con castigo.	Hombre

Barreras del pecado después de la salvación cuando hemos aplicado completamente los resultados de la defensa de Cristo

Barreras del lado de Dios		Barreras del lado del hombre	
Dios	Totalmente removidas por la muerte de Jesús.	Totalmente removidas por Conocimiento de aceptación total de parte de Dios y perdón y concientización de que Dios no nos motiva a través de amenazas castigos o rechazos y baja de nuestra auto estima.	Hombre

Efectos del pecado sobre el cristiano.

Lo que no hace el pecado	Lo que hace el pecado
1. Trae castigo de Dios. 2. Hace que Dios se enoje 3. Hace que Dios nos rechace incluso temporalmente 4. Nos resta valor e importancia 5. Hace que Dios nos haga sentir culpables.	1. Trae la corrección amorosa y la disciplina de Dios. 2. Ilnterfiere con nuestro ajuste personal, nos hiere y eventualmente nos hace infelices. 3. Disminuye nuestra efectividad en el mundo. 4. Daña las vidas de otros, especialmente de los más cercanos para nosotros. 5. Hace que perdamos recompensas en el cielo. 6. Nos da convicción de Dios.

Fuente: Diagrama adaptado de Bruce Narramore y Bill Counts, *Libertad de la Culpa* (Santa Ana, Calif.: Vision House, 1974), 83-85, 93.

¿Hay alguna prueba que demuestre que soy un creyente?

Si bien Dios puede ver a los corazones de los individuos y determinar quiénes son los que se han comprometido honestamente con Él, también nos ha dicho en su Palabra que existen ciertas evidencias que nos permiten a nosotros mismos, (no a otros), juzgarnos.

- El ________________ de que Dios es nuestro padre celestial.

  "Mi Padre me ha entregado todas las cosas. Nadie conoce al Hijo sino el Padre, y nadie conoce al Padre sino el Hijo y aquel a quien el Hijo quiera revelarlo".

  -Mateo 11:27 (NVI)

- Una dependencia renovada en la ______________

  "Oren en el Espíritu en todo momento, con peticiones y ruegos. Manténganse alerta y perseveren en oración por todos los santos".

  -Efesios 6:18 (NVI)

- Una nueva habilidad para comprender las ______________

  "Pero cuando venga el Espíritu de la verdad, él los guiará a toda la verdad, porque no hablará por su propia cuenta sino que dirá sólo lo que oiga y les anunciará las cosas por venir".

  -Juan 16:13 (NVI)

- Un nuevo sentido de seriedad frente al ______________

"En verdad, Dios ha manifestado a toda la *humanidad su gracia, la cual trae salvación 12 y nos enseña a rechazar la impiedad y las pasiones mundanas. Así podremos vivir en este mundo con justicia, piedad y dominio propio,"

-Tito 2:11-12 (NVI)

- Un renovado ____________ por los perdidos

"Hermanos, el deseo de mi corazón, y mi oración a Dios por los israelitas, es que lleguen a ser salvos".

-Romanos 10:1 (NVI)

- Un nuevo amor por ____________________________

"Nosotros sabemos que hemos pasado de la muerte a la vida porque amamos a nuestros hermanos. El que no ama permanece en la muerte".

-1 Juan 3:14 (NVI)

Perspectiva personal clave.

Pregunta: ¿Por qué permitiría Dios que entre en el cielo?

La única respuesta correcta: Porque he confiado en la obra de Cristo en la Cruz.

No porque...

soy un buen tipo.
creo en Dios.
asisto a la iglesia.

Si puedes responder a esta pregunta correctamente, puedes renunciar a tus dudas y temores acerca de la seguridad de tu salvación. Comienza a vivir en la libertad que viene del saber que eres salvo.

"Acerquémonos, pues, a Dios con corazón sincero y con la plena seguridad que da la fe, interiormente purificados de una conciencia culpable y exteriormente lavados con agua pura".

-Hebreos 10:22

Terminemos memorizando la tarjeta no. 6, "La verdad acerca de la salvación." Apéndice

Apéndice

Las escrituras apuntan a la seguridad de nuestra Salvación

Existe un número abrumador de Escrituras que apuntan a la seguridad y certeza de nuestra salvación. Unos pocos pasajes en la Biblia parecen indicar que nuestra salvación podría perderse. Aquí ofrecemos un acercamiento más detallado a estos pasajes.

Gálatas 5:4: "Aquellos de entre ustedes que tratan de ser justificados por la ley, han roto con Cristo; han caído de la gracia".

Para muchas personas, el término "caer de la gracia" es un sinónimo de perder la salvación. Esta frase se usa una sola vez en el Nuevo Testamento. El Apóstol Pablo se defiende a sí mismo y a su evangelio, de un grupo llamado los judaizantes, quienes habían llegado a la ciudad de Galacia después de su partida. Los judaizantes enseñaban que la salvación se encontraba tanto en creer en Jesucristo como en mantener ciertas porciones de la ley judía. La distorsión mayor giraba en torno al tema de la circuncisión; pensaban que los gentiles debían circuncidarse para asegurar su salvación. (Gal. 5:2) No era suficiente poner su fe en la muerte redentora de Jesucristo por nuestros pecados para ganar la vida eternal. Enseñaban que se debía combinar la fe con las obras para lograrlo. Además, observaban muchos de los lineamientos judíos en cuanto a la alimentación y días de festividades especiales.

A Pablo se le rompió el corazón cuando vio a los creyentes de Galacia ser arrastrados tan fácilmente por los judaizantes. (Gal.1:6-7). A Pablo no le preocupaba que los gálatas perdieran su salvación, sino el gozo de su salvación, al adoptar una nueva forma de religión, que los restringiría severamente en su libertad.

Les advirtió que el confiar en la circuncisión como un medio de salvación era un desperdicio de tiempo, (Gal. 5:2-3) porque ello significaría que tendrían que observar nuevamente toda la ley. Combinar a Cristo con la ley nunca funcionaría porque se trataban de dos sistemas totalmente diferentes. La ley y la gracia ¡no se pueden mezclar!

Pablo, entonces, usa un lenguaje muy fuerte para aclarar este punto: "Han sido alienados o han nulificado la obra de Cristo". Tratando de integrar la ley al evangelio, ellos anulaban la necesidad que tenemos de la muerte de Jesucristo por los pecados.

Si la salvación pudiera ser obtenida a través de la ley, no existiría razón alguna para que Cristo viniera a morir. Entonces dice: "Han caído de la gracia."(v.4) El caer de la gracia es abandonar el modelo de la salvación por la gracia para adoptar el modelo de la salvación por obras. Pablo no los estaba amenazando con la pérdida de su salvación, sino con la pérdida de su libertad. Pablo sabía que caer del "sistema de la gracia" de Dios los llevaría directamente atrás, nuevamente a la frustración de vivir bajo la ley.

Hebreos 6:4-6 : Es imposible que renueven su arrepentimiento aquellos que han sido una vez iluminados, que han saboreado el don celestial, que han tenido parte en el Espíritu Santo y que han experimentado la buena palabra de Dios y los poderes del mundo venidero, y después de todo esto se han apartado. Es imposible, porque así vuelven a crucificar, para su propio mal, al Hijo de Dios, y lo exponen a la vergüenza pública.

El libro de Hebreos estaba probablemente dirigido a un grupo de judeocristianos, como se indica a través de las continuas referencias al Antiguo Testamento. El Antiguo pacto era obsoleto y preocupaba que se llevara a los lectores a regresar desde Cristo, otra vez al judaísmo. Ninguna de estas preocupaciones hubiese sido un tema a tratar si la audiencia hubiese estado compuesta por creyentes gentiles. Evidentemente, estos creyentes judíos estaban desilusionados con el cristianismo. El escritor intenta con su carta, persuadir a sus hermanos y hermanas a mantener su fe. Estas advertencias no se hacen a personas que están tratando de establecer sus creencias respecto a Cristo por primera vez, eran personas que si bien habían expresado su fe en Dios, estaban considerando seriamente abandonar el cristianismo como una forma de vida. Este pasaje habla de individuos que ya "han saboreado el don celestial" como una forma de vida. Saboreado se usa en el sentido de "experimentar" y a ellos se los menciona como que han tomado parte en el Espíritu Santo. No hay duda de que se trata de cristianos. El autor teme que regresen a sus antiguas formas de vivir, incluyendo sus formas originales de adoración (judaísmo) y que de esta forma consideren que están regresando al Dios de sus padres, siendo que por el contrario estarían abandonándolo.

El autor usa la palabra "arrepentimiento" en el sentido de "cambio de mente". El autor es muy agresivo, porque estos creyentes habían cambiado de parecer con respecto a Cristo y no podían ser convencidos de lo contrario. Al dar sus espaldas a Cristo, estos judíos estaban en esencia dando la razón a aquellos judíos que arrestaron a Jesús y lo mataron. Su negación pública haría ver a las personas de afuera que no era cosa buena el cristianismo cuando aquellos que una vez se dijeron creyentes, luego cambian de opinión y regresan a su religión anterior.

Esta advertencia, de ninguna manera amenaza la seguridad de un creyente. En lugar de esto, es una evidencia de la seguridad para el creyente. Si un judío, que esperaba la llegada del Mesías, podía hallar su salvación a través de Jesucristo y luego la rechazaba sin temor alguno de perder su salvación, entonces ¿qué tendríamos que temer el resto de nosotros?

Hebreos 10:26-31 **:** Si después de recibir el conocimiento de la verdad pecamos obstinadamente, ya no hay sacrificio por los pecados. Sólo queda una terrible expectativa de juicio, el fuego ardiente que ha de devorar a los enemigos de Dios. Cualquiera que rechazaba la ley de Moisés moría irremediablemente por el testimonio de dos o tres testigos. ¿Cuánto mayor castigo piensan ustedes que merece el que ha pisoteado al Hijo de Dios, que ha profanado la sangre del pacto por la cual había sido santificado, y que ha insultado al Espíritu de la gracia? Pues conocemos al que dijo: "Mía es la venganza; yo pagaré"; y también: "El Señor juzgará a su pueblo." ¡Terrible cosa es caer en las manos del Dios vivo!

El autor de Hebreos no está escribiendo acerca de perder la salvación. El contexto y detalles del texto sugieren que una interpretación válida sería la de que se trata de una advertencia a su audiencia judía de las consecuencias de una desobediencia obstinada. Ya no podrán justificar su pecado a la luz del Mesías que ya vino. En su siguiente encuentro con el Mesías, Él se erigirá como juez, quien tomará sus decisiones basado en el nuevo pacto. Para los creyentes que viven para ellos mismos sin pensar en las cosas de Dios, esto sería "terrible", caer en las manos del Dios vivo.

Apocalipsis 3:5: "El que salga vencedor se vestirá de blanco. Jamás borraré su nombre del libro de la vida, sino que reconoceré su nombre delante de mi Padre y delante de sus ángeles".

Estos comentarios se dirigen a un grupo de creyentes fieles de la iglesia en Sardis. A diferencia de la mayoría de las personas de la iglesia de Sardis, estos pocos creyentes se habían mantenido alejados de la corrupción de su mundo circundante. Cristo los felicita por su consistente caminar.

Cinco veces en Apocalipsis, el apóstol Juan se refiere al "libro de la vida" En dos de estos pasajes se hace claro que Juan no pensaba que algún nombre se pudiera borrar del Libro de la Vida.

Apocalipsis 13:8: "A la bestia la adorarán todos los habitantes de la tierra, aquellos cuyos nombres no han sido escritos en el libro de la vida, el libro del Cordero que fue sacrificado desde la creación del mundo."

Apocalipsis 17:8: " Los habitantes de la tierra, cuyos nombres, desde la creación del mundo, no han sido escritos en el libro de la vida,"

Juan está usando la palabra "tierra", en Apocalipsis 17:8 para referirse al universo (ver Juan 1:3, Hechos 17:24). Se indica que el libro de la vida ya fue lleno, incluso antes de que alguien haya nacido. Si ese es el caso, el conocimiento previo de Dios tiene mucho que ver en cuanto a los nombres que están o no escritos. Antes de la muerte de Cristo a manos de los hombres, Dios ya había escrito los nombres de quienes Él sabía que desde la eternidad aceptarían su oferta llena de gracia. Dios escribió nuestros nombres incluso antes de que nosotros hiciéramos algo. Así que no escribió los nombres en respuesta de lo que nosotros hicimos, sino por lo que ya conocía de lo que íbamos a hacer. Esta distinción es muy importante. Si Dios escribió ya los nombres, podría entonces argumentarse que borrarlos también podría ser parte de la historia escrita. Pero si Dios hubiese ingresado los nombres de acuerdo con su capacidad de conocerlo todo previamente, se sigue que debería haberse hecho completamente antes de que todo iniciara, en ese caso, nadie necesita vivir con el temor de que su nombre puede ser borrado del libro de la vida en algún punto del futuro.

En otras palabras, ¡El lápiz de Dios no tiene borrador! Antes de que nacieras Dios sabía que responderías a su oferta de gracia. Y de acuerdo a ese conocimiento del futuro ya escribió tu nombre en el libro de la vida. Y permanecerá allí para siempre.

Preguntas de Discusión

1. Mira nuevamente las tres razones por las cuales la gente pierde su seguridad de salvación. ¿Cuál de éstas piensas que es con la que más luchamos? ¿Ha sido alguna de éstas una lucha para ti?
2. ¿Cuál es la diferencia entre basar mi seguridad en mi fidelidad a Dios y basarla en su fidelidad conmigo? ¿Cómo impacta eso nuestras actitudes, motivaciones y acciones como creyentes?
3. ¿Qué dirías a alguien que te dice, "He estado asistiendo a la iglesia y orando e intentando leer la Biblia por años, pero últimamente he estado sintiéndome como si no fuera en realidad un cristiano?

4. Si creo en la seguridad eterna, ¿cuál será entonces mi motivación para crecer? ¿Cuál de estas tres es la más significativa para ti?

   - Gracia

     "Porque por gracia ustedes han sido salvados mediante la fe; esto no procede de ustedes, sino que es el regalo de Dios, no por obras, para que nadie se jacte. Porque somos hechura de Dios, creados en Cristo Jesús para buenas obras, las cuales Dios dispuso de antemano a fin de que las pongamos en práctica".

     Efesios 2:8-10 (NVI)

   - Recompensas eternas

     "Hagan lo que hagan, trabajen de buena gana, como para el Señor y no como para nadie en este mundo"

     -Colosenses 3:23 (NVI)

   - Agradar a Dios

     "Por eso nos empeñamos en agradarle, ya sea que vivamos en nuestro cuerpo o que lo hayamos dejado".

     -2ª Corintios 5:9 (NVI)

Para profundizar en el estudio

Graham, Billy. *Cómo nacer de nuevo.* Dallas: Word, 1989.

Lucado, Max. *En manos de la Gracia.* Dallas: Word, 1996.

Sproul, R. C. *Faith Alone: The Evangelical Doctrine of Justification.* Grand Rapids, Mich.: Baker, 1999.

Stanley, Charles. *Seguridad Eterna: ¿Puedes estar seguro?* Nashville: Nelson, 1990.

Strombeck, J. F. *Shall Never Perish.* Grand Rapids, Mich.: Kregel, 1991.

Swindoll, Charles R. *El Despertar de la Gracia* . Dallas: Word, 1990.

Toon, Peter. *Born De Nuevo: Un Estudio Bíblico y Teológico de la Regeneración.* Grand Rapids, Mich.: Baker, 1986.

White, James R. *El Dios que Justifica: Un estudio comprensivo de la Doctrina de la Justificación.* Minneapolis: Bethany House, 2001.

Respuestas a los espacios en blanco

Momento específico
correcta la manera
pecados
Padre
Jesús
intercesor
mediar
fiel
Espíritu
Conocimiento
oración
Escrituras
pecado
amor
otros creyentes

La santificación.

1ª parte

Metas Transformadoras

- Desarrollar una profunda convicción en tu vida de que somos santificados por el amor de Cristo.
- Construir un fundamento verdadero que nos sirva para crecer en Jesucristo por el resto de nuestras vidas.

SANTIFICACION.

Como creyentes hemos sido:

Justificados.

Declarados eternamente inocentes (Rom. 5:1; Gal. 2:16)

Santificados.

El acto de ser separados para siempre y de una sola vez. (1 Cor. 6:11)

La experiencia de crecer a la medida de Cristo (1 Tes. 5:23).

Glorificados.

El acto completo de estar con Dios por la eternidad (Rom. 8:30)

Durante las pasadas dos sesiones vimos lo que significa ser justificados. En este estudio, comenzaremos a ver lo que es ser santificados.

Santificado significa _______________.

En el Antiguo Testamento, eran los objetos y lugares de adoración los que se llamaban "separados" para el uso y honor de Dios:

Sumos sacerdotes (Ex. 28:41)

Vestiduras santas (Ex. 29:21)

EL altar santo (Ex. 30:10)

Tierra santa (Lev. 27:21)

En el Nuevo Testamento, es el pueblo de Dios lo que está separado para el uso y honor de Dios.

> "Si alguien se mantiene limpio, llegará a ser un vaso noble, santificado, útil para el Señor y preparado para toda obra buena".
>
> -2 Timoteo 2:21 (NVI)

"Santificado" viene de la misma raíz que la palabra santo. En la Biblia, todos los creyentes son llamados santos.

No se trata de estar yendo hacia la santidad. ____________________ ____________ (2 Pedro 3:18; 2 Cor. 10:15).

La doctrina de la santificación fundamenta nuestro crecimiento como cristianos. Uno de los ingredientes faltantes en nuestro crecimiento espiritual es precisamente la comprensión de esta doctrina. Sin comprender la doctrina de la santificación, puedes fácilmente caer en la trampa de tratar de crecer en Cristo pero basado en tus propios esfuerzos (legalismo), o abusar de la gracia al pretender crecer sin importar tu forma de vivir (licencia).

Si bien hay cientos de cosas que podemos hacer para crecer espiritualmente, todas descansan sobre la base de la fe. Para crecer como creyente, debes aprender a verte por fe- de la manera en que Dios te ve.

Al estudiar la santificación, veremos cinco verdades específicas que pueden ser aceptadas sólo por fe. Estas verdades son el fundamento para nuestro crecimiento como creyentes.

En esta sesión, veremos dos áreas que requieren de nuestra fe:

1. Los dos enfoques de la santificación.
2. Las dos naturalezas del cristiano.

En la siguiente sesión, veremos tres verdades adicionales que requieren ser aceptadas por la fe:

3. El poder de la gracia sobre la ley.
4. El proceso de crecimiento diario.
5. La promesa de Dios de finalizar su obra en nosotros.

Los dos enfoques de la santificación.

La santificación se refiere a dos cosas:

La ________________________ de ser hecho un santo

El ______________________ de ser santificado

1. La santificación es de una sola vez y completa.

> "Y en virtud de esa voluntad somos santificados mediante el sacrificio del cuerpo de Jesucristo, ofrecido una vez y para siempre".
>
> -Hebreos 10:10 (NVI)

"Pero gracias a él ustedes están unidos a Cristo Jesús, a quien Dios ha hecho nuestra sabiduría -es decir, nuestra justificación, santificación y redención-"

-1ª Corintios 1:30 (NVI)

2. La santificación es un proceso continuo y progresivo.

   El crecimiento es, obviamente, un proceso en nuestras vidas, que también incluye el crecimiento espiritual. No existen atajos al crecimiento espiritual. Mira en 1 Pedro 2:2. Toma tiempo el crecer de una infancia espiritual a la madurez espiritual.

   "deseen con ansias la leche pura de la palabra, como niños recién nacidos. Así, por medio de ella, crecerán en su salvación"

   -1 Pedro 2:2 (NVI)

   "Busquen la paz con todos, y la *santidad, sin la cual nadie verá al Señor".

   -Hebreos 12:14 (NVI)

   "Más bien, crezcan en la gracia y en el conocimiento de nuestro Señor y Salvador Jesucristo".

   -Hebreos 10:14 (NVI)

Hay un versículo que lo dice todo:

"Porque con un sólo sacrificio ha hecho perfectos para siempre a los que está santificando".

-Hebreos 10:14 (NVI)

Expresas tu fe respecto a estos dos enfoques, cuando dices: "Soy una persona santificada y estoy siendo santificado".

Esto fue hecho (terminado, completado, arreglado) en el momento de la salvación (1 Cor. 6:11; 2 Cor. 5:17).

Las dos naturalezas del Cristiano.

Tenemos dos. una __________ y una __________ naturaleza.

Una observación detallada.

La naturaleza vieja y nueva de los cristianos.

Tu vieja naturaleza, a la que la Biblia llama también: la "carne", es tu deseo interno y tendencia hacia el pecado. No es el sentimiento de ser tentado; es nuestra parte interna que irremediablemente escogerá decir sí a varias tentaciones. Antes de convertirnos en creyentes, nuestra vieja naturaleza era la única. Todos tenemos esta vieja naturaleza -nuestra propensión natural a pecar- por la caída del hombre que se dió en el Jardín del Edén.

Tu nueva naturaleza se te entrega en el momento en que das tu vida a Cristo. La nueva naturaleza es la nueva vida y el nuevo poder para vivir que se nos da por poner nuestra confianza en lo que Jesús hizo por nosotros a través de su muerte y resurrección. Uno de los aspectos más cruciales en el crecimiento de nuestras vidas como creyentes es el aprender a confiar en Dios respecto a esta realidad de nuestra vieja y nueva naturaleza.

- Expresas tu fe respecto a tu nueva naturaleza cuando te ves como ____ ______________________________.

"Por lo tanto, si alguno está en Cristo, es una nueva creación. ¡Lo viejo ha pasado, ha llegado ya lo nuevo!"

-2 Corintios 5:17 (NVI)

1. Estaba "_____________."

   Pues así como en Adán todos mueren, también en Cristo todos volverán a vivir". Escogemos pecar porque esa es nuestra naturaleza espiritual. La Biblia se refiere a nuestra condición como "estar en Adán", lo que significa que estamos sujetos a juicio y muerte.

   "En Adán todos mueren . . ."

   -1 Corintios 15:22 (NVI)

2. Ahora estoy "____________".

   La vida espiritual se gana solo a través de un nacimiento espiritual (Juan 3:6). En el momento en que nacemos de nuevo, nuestra alma se une con Dios gracias a Jesús. Ahora estamos en Cristo.

   "Alabado sea Dios, Padre de nuestro Señor Jesucristo, que nos ha bendecido en las regiones celestiales con toda bendición espiritual en Cristo. 4 Dios nos escogió en él antes de la creación del mundo, para que seamos santos y sin mancha delante de él".

   -Efesios 1:3-4 (NVI)

Hay sólo dos clases de personas en el mundo, los que están en Adán y los que están en Cristo. Tú estás en Cristo si Cristo está en ti. Es como un intercambio de vidas: Tú le das a Jesús tu vida y Él te da la suya a cambio.

¿Quién es esta "Nueva persona"?

- Soy luz en el mundo (Mateo 5:14).
- Soy un hijo de Dios (Juan 1:12).
- Soy un amigo de Cristo (Juan 15:15).
- Soy escogido y señalado por Cristo para dar su fruto (Juan 15:16).
- Soy un esclavo de lo justo (Rom. 6:18).
- Soy un sucesor y heredero con Cristo (Rom. 8:17).
- Soy un templo, Dios habita en mi (1 Cor. 3:16; 6:19).
- Soy un miembro del cuerpo de Cristo (1 Cor. 12:27; Efesios. 5:30).
- Soy una nueva creación (2 Cor. 5:17).
- Estoy reconciliado con Dios y soy un ministro de reconciliación(2 Cor. 5:18-19).

- Soy un santo (Efe. 1:1; 2 Cor. 1:1-2).
- Soy hechura de las manos de Dios (Efe. 2:10).
- Soy ciudadano del cielo (Fil.3:20; Efe. 2:6).
- Soy correcto y santo (Efe. 4:24).
- Estoy escondido con Cristo en Dios (Col. 3:3).
- Soy amado y escogido (Col. 3:12).
- Soy un hijo/hija de la luz y no de la oscuridad (1 Tes. 5:5).
- Soy enemigo del maligno (1 Pedro 5:8).
- Soy victorioso (1 Juan 5:4).
- He nacido de nuevo (1 Pedro 1:23).
- Estoy vivo con Cristo (Efe. 2:5).
- Soy más que vencedor (Rom. 8:37).
- Soy justicia de Dios (2 Cor. 5:21).
- Soy nacido de Dios y el maligno no puede tocarme (1 Juan 5:18).
- Seré como Cristo cuando Él regrese (1 Juan 3:1-2).

Perspectiva personal clave.

Verdades que te ayudarán a vivir tu nueva vida.

1. No debes ____________________ tu nueva vida.

   Lo nuevo es una creación de Dios

   Colosenses 3:10 dice,

   "y se han puesto el de la nueva naturaleza, que se va renovando en conocimiento a imagen de su Creador".

   -Colosenses 3:10 (NVI)

2. No debes trabajar para _______________ tu nueva vida.

   Tu vida nueva está con Cristo en Dios.

   "pues ustedes han muerto y su vida está escondida con Cristo en Dios".

   -Colosenses 3:3 (NVI)

- Expresas tu fe respecto a tu vieja naturaleza cuando te ves a ti mismo ________________________________

"Por tanto, mediante el bautismo fuimos sepultados con él en su muerte, a fin de que, así como Cristo resucitó por el poder del Padre, también nosotros llevemos una vida nueva".

-Romanos 6:4 (NVI)

Uno de los puntos más discutidos de la doctrina a través de los siglos tiene que ver con lo que la Biblia quiere decir cuando nos presenta muerta a la vieja naturaleza. Algunos han sugerido que esto significa que la vieja naturaleza ha desaparecido -¡lo que no es verdad, obviamente, si partimos de nuestra experiencia diaria! Otros sugieren que es un asunto de disciplina el decirle no a tu vieja naturaleza. Sin embargo, sabemos que la disciplina no es suficiente.

¿Cómo escogemos entonces confiar con fe en lo que la Biblia quiere decir cuando habla de que nuestra vieja naturaleza está muerta?

"Con respecto a la vida que antes llevaban, se les enseñó que debían quitarse el ropaje de la vieja naturaleza, la cual está corrompida por los deseos engañosos;"

-Efesios 4:22 (NVI)

¿Cómo pongo a un lado la vieja naturaleza?

- No ________________
- No con ____________________
- Por la fe en lo ______________________

"Ahora bien, si hemos muerto con Cristo, confiamos que también viviremos con él".

-Romanos 6:8 (NVI)

Una observación detallada.

¡No te lo pierdas!

¿Qué significa muerto? (no significa: "ya no estar presente o dejar de influenciar en tu vida").

Significa:

Que ya no tiene el poder para hacerte pecar -ahora tienes la oportunidad de escoger.

- Ya no disfrutas el pecado, has cambiado.

Antes de la salvación, pertenecías a ________________

"Ustedes son de su padre, el diablo, cuyos deseos quieren cumplir".

-Juan 8:44 (NVI)

Después de la salvación, pertenezco a ______________

"Entre ellas están incluidos también ustedes, a quienes Jesucristo ha llamado".

-Romanos 1:6 (NVI)

Dado que pertenezco a Dios, Satanás ya no tiene poder para controlarme.

"Practiquen el dominio propio y manténganse alerta. Su enemigo el diablo ronda como león rugiente, buscando a quién devorar. Resístanlo, manteniéndose firmes en la fe, sabiendo que sus hermanos en todo el mundo están soportando la misma clase de sufrimientos".

-1 Pedro 5:8-9 (NVI)

Dios no ha dejado nuestro crecimiento al azar. El fundamento de tu santificación es nada más y nada menos que la muerte y resurrección de Jesucristo. Esto significa dos cosas:

Primero, por el poder de la crucifixión, ya no eres controlado por tu vieja naturaleza.

"He sido crucificado con Cristo, y ya no vivo yo sino que Cristo vive en mí. Lo que ahora vivo en el cuerpo, lo vivo por la fe en el Hijo de Dios, quien me amó y dio su vida por mí".

-Gálatas 2:20 (NVI)

Segundo, por el poder de la resurrección de Jesús, tienes una nueva naturaleza.

"De la misma manera, también ustedes considérense muertos al pecado, pero vivos para Dios en Cristo Jesús. Por lo tanto, no permitan ustedes que el pecado reine en su cuerpo mortal, ni obedezcan a sus malos deseos. No ofrezcan los miembros de su cuerpo al pecado como instrumentos de injusticia; al contrario, ofrézcanse más bien a Dios como quienes han vuelto de la muerte a la vida, presentando los miembros de su cuerpo como instrumentos de justicia".

-Romanos 6:11-13 (NVI)

Comienza a trabajar en la tarjeta de memorización no. 7, "La verdad acerca de la santificación".

Preguntas de discusión.

1. ¿Crees que un creyente pueda sentirse alguna vez completamente santo? ¿Puedes recordar los sitios y lugares de tu vida donde te has sentido más santo?
2. ¿Cuáles son las actitudes internas que te animan e inspiran para crecer en Cristo? ¿Qué actitudes ponen una barrera a tu crecimiento?
3. ¿Cómo ha cambiado tu vida el volverte cristiano? ¿Qué nuevos hábitos disfrutas como creyente?
4. ¿Te has sentido frustrado por tu batalla con el pecado? ¿Cómo piensas que enfrentar la batalla a través de la fe en Dios, en lugar de sólo con el poder de nuestra fuerza de voluntad, logrará una diferencia en tu andar diario?
5. ¿Cómo te ayudarán estas verdades de las que hablamos, a responder a las siguientes preguntas?
    - No estoy seguro de ser creyente por la manera en la que a veces actúo.
    - ¿Por qué sigo haciendo las mismas cosas equivocadas vez tras vez, sabiendo que soy un creyente?

Respuestas a los espacios en blanco.

separado
Estoy creciendo como un Santo
acción finalizada
proceso diario
vieja
nueva
una nueva persona
En Adán
En Cristo
alcanzar
conservar
muerto al pecado
ignorándola
esfuerzos humanos
que Dios ha hecho
Satanás
Dios

Santificación

2ª Parte

Meta Transformadora

Decidir crecer en el proyecto de Dios en lugar de tu propio plan, confiando en la gracia en lugar de la ley y en la promesa de Dios, en lugar de tu fuerza de voluntad.

En la pasada sesión, aprendimos que "santificado" significa "separado" (santo viene de la misa raíz que esta palabra).

En el Antiguo Testamento, eran los lugares o utensilios de adoración los que se llamaban "separados" para el honor y uso de Dios.

Sacerdotes (Ex. 28:41)

Vestiduras santas (Ex. 29:21)

El santo altar (Ex. 30:10)

La tierra santa (Lev. 27:21)

En el Nuevo Testamento, al pueblo de Dios se lo llama: "separados" para uso y honor de Dios:

> "Si alguien se mantiene limpio, llegará a ser un vaso noble, *santificado, útil para el Señor y preparado para toda obra buena".
>
> -2 Timoteo 2:21 (NVI)

Y vimos también las cinco formas en las que ponemos nuestra fe en Dios para nuestra santificación:

1. Los dos enfoques de la santificación.
2. Las dos naturalezas del cristiano.

Tú no puedes crear el crecimiento; esa es la obra de Dios. Pero puedes cooperar con el crecimiento. En esta sesión, veremos las tres formas adicionales en las que podemos demostrar nuestra fe en lo que Dios está haciendo para nuestro crecimiento.

El poder de la _______ sobre la _________

Así como somos justificados por la fe y la gracia, somos santificados por la fe y la gracia.

"¿Tan torpes son? Después de haber comenzado con el Espíritu, ¿pretenden ahora perfeccionarse con esfuerzos humanos?"

-Gálatas 3:3 (NVI)

"Por eso, de la manera que recibieron a Cristo Jesús como Señor, vivan ahora en él,"

-Colosenses 2:6 (NVI)

- Por fe, puedes decir: "Soy ___________ de la ley."

La ley no está muerta, ni es tampoco "mala"-tal como la vieja naturaleza. La ley solamente no es capaz de traernos salvación. Puede mostrarnos nuestro pecado, pero no puede justificarnos ante Dios.

"pues por medio de él la ley del Espíritu de vida me ha liberado de la ley del pecado y de la muerte".

-Romanos 8:2 (NVI)

"En efecto, lo que fue glorioso ya no lo es, si se le compara con esta excelsa gloria".

-2 Corintios 3:10 (NVI)

- Por la fe, puedes decir: "Tengo un _____________________"

"En efecto, habiendo sido liberados del pecado, ahora son ustedes esclavos de la justicia".

-Romanos 6:18 (NVI)

"Pero ahora, al morir a lo que nos tenía subyugados, hemos quedado libres de la ley, a fin de servir a Dios con el nuevo poder que nos da el Espíritu, y no por medio del antiguo mandamiento escrito".

-Romanos 7:6 (NVI)

El _________________________ de crecimiento.

- Por fe debes pedir a Dios que _____________________________.

"Con respecto a la vida que antes llevaban, se les enseñó que debían quitarse el ropaje de la vieja naturaleza, la cual está corrompida por los deseos engañosos; ser renovados en la actitud de su mente; y ponerse el ropaje de la nueva naturaleza, creada a imagen de Dios, en verdadera justicia y santidad".

-Efesios 4:22-24 (NVI)

En la sesión pasada, hablamos de sacarse lo viejo y ponerse lo nuevo. El renovar la mente suele ser siempre el paso olvidado de este proceso. La renovación interna es la clave para la transformación externa.

> "No se amolden al mundo actual, sino sean transformados mediante la renovación de su mente. Así podrán comprobar cuál es la voluntad de Dios, buena, agradable y perfecta".
>
> -Romanos 12:2 (NVI)

> "Por tanto, no nos desanimamos. Al contrario, aunque por fuera nos vamos desgastando, por dentro nos vamos renovando día tras día".
>
> -2 Corintios 4:16 (NVI)

Efesios 4:25-32, nos ayuda a ver el aspecto clave de esta renovación interna. Es la habilidad de ver las razones positivas de Dios para hacer un cambio en nosotros. Una mente renovada tiene la habilidad de ver las cosas como las ve Dios. Se centra en una nueva manera de ver el mundo. Este es el enfoque primordial en este estudio de fundamentos.

Dejar el viejo hombre	**Ponerse el nuevo**	**Renovar la mente**
Dejar la falsedad	Decir la verdad a nuestro prójimo	Porque todos somos miembros de un mismo cuerpo
No pecar aunque estemos enojados	Que no se ponga el sol sobre nuestro enojo	No demos lugar al maligno
El que robaba, deje de hacerlo	Sino trabaje	Para que tenga qué compartir con los que están en necesidad
Ninguna palabra corrompida salga de nuestra boca	Sino lo que sea para edificación de los oyentes	No contristen al Espíritu Santo de Dios
Desechando toda amargura y enojo	Ser benignos unos con otros, misericordiosos, perdonándonos	Así como Dios nos perdonó en Jesucristo

- Por la fe, practicas ________________________________.

"Toma tiempo y energía para entrenarte para estar en forma espiritual".
-1 Timoteo 4:7 (NLT TRADUCIDO)

"Disciplínate para ser usado en los propósitos de Dios".
-1 Timoteo 4:7 (NASB TRADUCIDO)

Una observación detallada.

Tres de las disciplinas de crecimiento más importantes a través de las cuales Dios nos santifica son:

1. Tiempo devocional diario-en la Palabra de Dios y oración

   "Jesús le respondió: -Escrito está: "No sólo de pan vive el hombre, sino de toda palabra que sale de la boca de Dios".

   -Mateo 4:4 (NVI)

   "Santifícalos en la verdad; tu palabra es la verdad".

   -Juan 17:17 (NVI)

   El decir: "Señor, ayúdame a crecer", sin tener una vida de compromiso con la lectura y estudio de la Palabra de Dios es como orar para que tus flores crezcan pero sin regarlas.

2. Diezmo semanal a Dios

   "Traigan íntegro el diezmo para los fondos del templo, y así habrá alimento en mi casa. Pruébenme en esto -dice el SEÑOR Todopoderoso-, y vean si no abro las compuertas del cielo y derramo sobre ustedes bendición hasta que sobreabunde".

   -Malaquías 3:10 (NVI)

   "Incluso hicieron más de lo que esperábamos, ya que se entregaron a sí mismos, primeramente al Señor y después a nosotros, conforme a la voluntad de Dios".

   -2 Corintios 8:5 (NVI)

   Pasamos gran parte de nuestras vidas consiguiendo, administrando, y gastando dinero. Cualquiera que piense que puede crecer como creyente sin hacer un compromiso disciplinado de sus finanzas con Dios, se engaña a sí mismo.

3. Un compromiso regular con un grupo pequeño.

   "Por lo tanto, ustedes ya no son extraños ni extranjeros, sino conciudadanos de los santos y miembros de la familia de Dios".

   -Efesios 2:19 (NVI)

- Por la fe, escoges confiar en Dios en todas ________________.

  Dios ha permitido que nuestra elección libre y voluntaria sea uno de los factores clave en nuestro crecimiento. Una de las elecciones más importantes que hacemos es nuestra respuesta a las dificultades y pruebas que enfrentamos como parte de nuestras vidas.

  "Hermanos míos, considérense muy dichosos cuando tengan que enfrentarse con diversas *pruebas, pues ya saben que la prueba de su fe produce constancia. Y la constancia debe llevar a feliz término la obra, para que sean *perfectos e íntegros, sin que les falte nada".

  -Santiago 1:2-4 (NVI)

"Y no sólo en esto, sino también en nuestros sufrimientos, porque sabemos que el sufrimiento produce perseverancia; la perseverancia, entereza de carácter; la entereza de carácter, esperanza. Y esta esperanza no nos defrauda, porque Dios ha derramado su amor en nuestro corazón por el Espíritu Santo que nos ha dado". -Romanos 5:3-5 (NVI)

"Aunque era Hijo, mediante el sufrimiento aprendió a obedecer;" -Hebreos 5:8 (NVI)

La promesa de Dios es ________________

¿Cuál es la meta final por la que Dios está trabajando en nuestras vidas? La meta es que seamos como Cristo.

"Ahora bien, sabemos que Dios dispone todas las cosas para el bien de quienes lo aman, los que han sido llamados de acuerdo con su propósito. Porque a los que Dios conoció de antemano, también los predestinó a ser transformados según la imagen de su Hijo, para que él sea el primogénito entre muchos hermanos". -Romanos 8:28-29 9 (NVI)

"Sabemos, sin embargo, que cuando Cristo venga seremos semejantes a él, porque lo veremos tal como él es". -1ª Juan 3:2 (NVI) (NVI)

"De este modo, todos llegaremos a la unidad de la fe y del conocimiento del Hijo de Dios, a una humanidad perfecta que se conforme a la plena estatura de Cristo". -Efesios 4:13 (NVI)

¿Cómo crecemos para ser como Cristo?

- Por fe, crees en la habilidad de Dios para cumplir su obra en tu vida. No estás solo. Dios está obrando a favor de tu crecimiento. Él está obrando para hacerte como su Hijo, Jesús.

  Dios está ____________________ con tu crecimiento.

  "Y por ellos me santifico a mí mismo, para que también ellos sean santificados en la verdad". -Juan 17:19 (NVI)

  "Dios nos escogió en él antes de la creación del mundo, para que seamos santos y sin mancha delante de él". -Efesios 1:4 (NVI)

  Nuestro poder motivacional: Dios _________ que nosotros seamos santificados y _____a favor de eso.

"Estoy convencido de esto: el que comenzó tan buena obra en ustedes la irá perfeccionando hasta el día de Cristo Jesús".

-Filipenses 1:6 (NVI)

Perspectiva personal clave.

El crecimiento no se logra ____________, sino ______________.

Confianza: es trabajar en lo que Dios está obrando

"lleven a cabo su salvación con temor y temblor, pues Dios es quien produce en ustedes tanto el querer como el hacer para que se cumpla su buena voluntad".

-Filipenses 2:12-13

"¡Al único Dios, nuestro Salvador, que puede guardarlos para que no caigan, y establecerlos sin tacha y con gran alegría ante su gloriosa presencia, sea la gloria, la majestad, el dominio y la autoridad, por medio de Jesucristo nuestro Señor, antes de todos los siglos, ahora y para siempre!"

-Judas 1:24-25

Terminemos memorizando la tarjeta no. 7, "La verdad acerca de la santificación"

Preguntas de discusión

1. ¿Por qué crees que algunas personas son arrastradas en su pensamiento a la idea de que pueden medir su crecimiento espiritual basados solamente en cómo mantienen las normas o reglas?
2. ¿Cuáles serían dos o tres consejos prácticos que podemos aplicar para cooperar con Dios en su deseo de renovar nuestras mentes?
3. ¿Qué disciplina de crecimiento puedes ver que Dios usa más frecuentemente, o es la más efectiva en tu vida?
4. La meta de llegar a ser como Cristo nunca se cumplirá por completo mientras estemos en la tierra. ¿Qué formas prácticas y personales podemos aplicar para evitar desanimarnos mientras caminamos hacia algo que no alcanzaremos hasta estar en el cielo?

Para un estudio posterior:

Bridges, Jerry. *La práctica de los lineamientos de Dios.* Colorado Springs: NavPress, 1983.

Cloud, Henry and John Townsend. *Cómo crece la gente.* Grand Rapids, Mich.: Zondervan, 2001.

Dieter, Melvin E., et al. *Cinco miradas a la santificación.* Grand Rapids, Mich.: Zondervan, 1987.

Foster, Richard J. *Celebración de la disciplina.* Rev. ed. San Francisco: Harper & Row, 1988.

Henrichsen, Walter A. *Los discípulos no nacen, se hacen* .Wheaton, Ill.: Victor, 1980.

Nouwen, Henri J. M. *Alcanzando: Los tres movimientos de la vida espiritual.* New York: Doubleday, 1986.

Ortberg, John. *La vida que siempre has deseado.* Grand Rapids, Mich.: Zondervan, 1997.

Willard, Dallas. *El espíritu de las disciplinas.* San Francisco: Harper San Francisco, 1991.

Respuestas a los espacios en blanco.

gracia
ley
libre
Nuevo amo
Proceso diario
Renueve tu entendimiento
Disciplinas de crecimiento
Circunstancias de la vida
Terminar su obra
comprometido
desea
obra
tratando
confiando en ÉL

El bien y el mal

1ª parte

Meta Transformadora.

Proporcionarte la verdad que necesitas, para responder las preguntas referentes al hecho de que vivimos en un mundo malo.

Durante las siguientes dos sesiones, examinaremos lo que la Biblia tiene que decirnos frente a la realidad de que el bien y el mal existen juntos en el mundo. Hay muchas preguntas que tienen respuesta al comprender la perspectiva de Dios en esta verdad.

- ¿Cómo puede Dios permitir cosas como la Guerra o la muerte de los niños en el mundo actual?
- Si Dios es todopoderoso y todo amor ¿por qué simplemente no detiene el mal?

  El pensamiento es: Dios no debe ser lo suficientemente bueno o amoroso para parar el mal o no es lo suficientemente poderoso para hacerlo. En este estudio veremos el hueco enorme que conlleva esa lógica.
- ¿Por qué pasan cosas malas a personas buenas?
- A la luz de lo que está sucediendo en el mundo, parece una broma que existiera alguna esperanza.
- ¿Terminará esto en algún momento? ¿Cuándo?

Primero, veremos todo el problema del bien y mal. ¿Por qué existe esto en el mundo?

Luego veremos el lado personal del bien y del mal. ¿Cómo gano la batalla contra el mal en mi vida personal?

¿Por qué existe el mal en el mundo de Dios?

Tres verdades

1. Dios es bueno.

   Su _______________ es bueno.

   "Porque el SEÑOR es bueno y su gran amor es eterno; su fidelidad permanece para siempre". -Salmo 100:5 (NVI)

   Sus _____________ son buenas.

"Y Dios vio todo lo que hizo, y vio que era bueno".

-Génesis 1:31 (NVI)

2. Dios es todo-poderoso

"¡Oh Dios grande y fuerte, tu *nombre es el SEÑOR Todopoderoso!"

-Jeremías 32:18 3 (NVI)

3. El mundo es malo.

"Ésta es la causa de la condenación: que la luz vino al mundo, pero la *humanidad prefirió las tinieblas a la luz, porque sus hechos eran perversos".

-Juan 3:19 (NVI)

"No amen al mundo ni nada de lo que hay en él".

-1 Juan 2:15 (NVI)

Así que la pregunta es entonces,

¿Cómo puede todo esto ser verdad?

Si Dios es bueno, ¿cómo puede permitir que exista el mal? Si es todopoderoso ¿Por qué no detiene el mal? ¿Cómo puede un Dios bueno y todopoderoso crear un mundo en el que pueda existir el mal y no solo eso, sino que sigue existiendo? Todo un montón de jerga teológica y filosófica puede entonces resumirse en una simple oración:

No existe ________ sin que primero ______________.

Dios sí pudo haber creado una persona que voluntariamente decidiera no pecar, pero entonces esa persona no hubiese tenido la oportunidad de escoger amar.

Una observación más detallada

Dos verdades para recordar

1. Dios es soberano.
2. El ser humano tiene libre albedrío

¿Cómo puedes conciliar estas dos afirmaciones? Si Dios nos da la oportunidad de escoger, ¿no hace eso que nosotros estemos en control en lugar de Él? ¡Nuestro Dios es maravilloso y asombroso! Él puede darnos el libre albedrío y aún así seguir en completo control de su creación. ¿Y cómo hace esto? ¡Él es Dios!

Una advertencia: asegúrate de mantener estas verdades en equilibrio. Si caes demasiado en el lado de que Dios está en control, caerás en el fatalismo: no importa lo que hagamos. Si tiras mucho al lado del libre albedrío humano, en cambio, caerás al lado del humanismo: estamos en control de nuestro destino.

Hay tres razones por las cuales existe el mal en nuestro mundo actual:

La voluntad de Dios: Porque Dios ____________ que el mal exista

El problema del mal y el sufrimiento es posiblemente el mayor reto intelectual que enfrenta la cristiandad. Es muy difícil para la gente comprender cómo un Dios tan grande y bueno puede permitir que exista el mal.

Esto es lo que Dios dice en la Biblia.

1. Dios hizo un mundo en el que el mal ______________.

   En Génesis 3:

   - Dios plantó el árbol del conocimiento del bien y del mal.
   - Dios permitió la entrada de Satanás al Jardín en forma de serpiente.
   - Dios permitió que Adán y Eva tomaran el fruto.

2. Dios permite que el mal ________________________.

   Dios no escoge ni causa el mal, pero lo permite.

   - Dios nos permite tomar decisiones equivocadas.

     "Por eso los abandoné a su obstinada voluntad, para que actuaran como mejor les pareciera".

     -Salmo 81:12 (NVI)

   - Dios permite las consecuencias dolorosas que resultan de las elecciones malas que tomamos.

     "Si alguien peca inadvertidamente e incurre en algo que los mandamientos del SEÑOR prohíben, es culpable y sufrirá las consecuencias de su pecado".

     -Levítico 5:17 (NVI)

Una observación detallada.

La respuesta de Dios al sufrimiento.

El hecho de que Dios permita el sufrimiento, no significa que lo disfrute

1. El directamente ______ el sufrimiento. Dios castiga el mal (Isa. 13:11).
2. Dios tiene ___________ de todos los que sufren (2 Cor. 1:3-4; Lam. 3:22- 23; Mat. 14:14).
3. Dios está dispuesto a __________ en nuestro sufrimiento (Sal. 46:1; Heb. 4:16).
4. Dios desarrolla nuestro _______ a través del sufrimiento (Stgo. 1:2- 4; Heb. 2:10).
5. Un día Dios __________ con el sufrimiento (Ap. 21:3-4; Rom. 8:18).

La influencia de Satanás: Porque Satanás __________ dolor

La influencia de Satanás es la segunda razón por la que existe el mal en nuestro mundo. El mal no es una creación nueva de Satanás, él no tiene el poder para crear nada. Todo lo que puede hacer es torcer o retener lo que Dios ha creado.

¿Es malo el clima?

¿Es mala la ambición?

¿Es malo el sexo?

¿Es mala nuestra habilidad para hablar?

Todas estas son creaciones buenas de Dios. El mal se da cuando Satanás tuerce estas cosas a través de desastres naturales o guerra, o inmoralidad sexual o insultos. Nosotros como creyentes necesitamos comprender y vencer al enemigo sin glorificarlo. Satanás tiene poder, pero también es estúpido. (¿Por qué más hubiera pecado contra Dios?).

Satanás: una breve biografía

Muchas de las ideas y figuras de Satanás con las que hemos crecido han sido influenciadas más por libros como el Infierno de Dante o El Paraíso perdido de Milton que por la propia Biblia. Ahora veremos la historia tal y como la Biblia la presenta.

1. Era un __________ en el cielo (Ap. 12:3-9; 9:11).
2. ________ del cielo por su orgullo.

> "Se desató entonces una guerra en el cielo: Miguel y sus ángeles combatieron al dragón; éste y sus ángeles, a su vez, les hicieron frente, pero no pudieron vencer, y ya no hubo lugar para ellos en el cielo. Así fue expulsado el gran dragón, aquella serpiente antigua que se llama Diablo y Satanás, y que engaña al mundo entero. Junto con sus ángeles, fue arrojado a la tierra".
>
> -Apocalipsis 12:7-9 (NVI)

> "¡Cómo has caído del cielo, lucero de la mañana! Tú, que sometías a las naciones, has caído por tierra. Decías en tu corazón: "Subiré hasta los cielos. ¡Levantaré mi trono por encima de las estrellas de Dios! Gobernaré desde el extremo norte, en el monte de los dioses. Subiré a la cresta de las más altas nubes, seré semejante al *Altísimo.¡Pero has sido arrojado al sepulcro, a lo más profundo de la fosa!".
>
> - Isaías 14:12-15 (NVI)

3. Tiene libertad _____________ para influir sobre la tierra.

   El límite de Satanás: debe pedir ________________________.

   Algunos ejemplos:

   - Job (Job 1:6-12; 2:1-6)
   - Pedro: "Satanás te ha pedido para zarandearte como a trigo" (Lucas 22:31).

4. Está por seguro ________________ a la destrucción eterna.

   Satanás será arrojado al lago de fuego, para ser atormentado para siempre.

   "El diablo, que los había engañado, será arrojado al lago de fuego y azufre, donde también habrán sido arrojados la bestia y el falso profeta. Allí serán atormentados día y noche por los siglos de los siglos".
   -Apocalipsis 20:10 (NVI)

Hay una tercera razón por la cual existe el mal en el mundo.

La elección del ser humano: Porque ________________ el mal

Recuerda dos verdades:

1. El mal comenzó con __________ (Gen. 3).

   La decisión de Adán y Eva en cuanto al pecado tuvo horribles consecuencias.

   - Si comían del árbol ciertamente "morirían" El pecado trae muerte: espiritual y física.

     "pero del árbol del conocimiento del bien y del mal no deberás comer. El día que de él comas, ciertamente morirás".
     - Génesis 2:17 (NVI)

   - Dado que comieron del árbol, fueron expulsados del Jardín del Edén. El pecado hace que tengamos que vivir en un mundo caído e imperfecto.

     "Entonces Dios el SEÑOR expulsó al ser humano del jardín del Edén, para que trabajara la tierra de la cual había sido hecho".
     - Génesis 3:23 (NVI)

   - Adán y Eva pasaron su naturaleza de pecado a todos, a través de sus hijos. El pecado se hizo parte de todos nosotros, cuando ellos comieron del fruto. Es por eso que todos inevitablemente pecamos. No podemos rechazar la tentación de hacer el mal.

     Esto es lo que llamamos "pecado original". No comenzamos con un historial limpio. Todos arrancamos con el conocimiento del bien y del mal y con un corazón defectuoso que tiende a pecar.

     "Por medio de un solo hombre el pecado entró en el mundo, y por medio del pecado entró la muerte; fue así como la muerte pasó a toda la *humanidad, porque todos pecaron".
     - Romanos 5:12 (NVI)

2. El mal está presente en __________.

   No es solo "su culpa." Necesitamos admitir que "el mal está presente en mi."

Pablo escribe en Romanos 7:21 acerca de la dura verdad que tuvo que aprender.

"Así que descubro esta ley: que cuando quiero hacer el bien, me acompaña el mal".

- Romanos 7:21 (NVI)

"¿A qué conclusión llegamos? ¿Acaso los judíos somos mejores? ¡De ninguna manera! Ya hemos demostrado que tanto los judíos como los gentiles están bajo el pecado. Así está escrito: "No hay un solo justo, ni siquiera uno; no hay nadie que entienda, nadie que busque a Dios. Todos se han descarriado, a una se han corrompido. No hay nadie que haga lo bueno; ¡no hay uno solo!."

- Romanos 3:9-12 (NVI)

La línea que divide el bien del mal, no pasa por estados, ni clases ni partidos políticos sino por cada corazón humano.[1]

Las preguntas que se mantienen

¿Por qué Dios sigue permitiendo el mal? ¿Por qué no lo detiene?

1. Dios ya venció el mal (1 Cor. 15:57; Col. 2:15).

   Venció el mal en la cruz y nos permitirá unirnos a ÉL en esa victoria por la eternidad. Peleamos una batalla en la que la victoria final está asegurada.

2. Dios es _____________.

   Dios ha provisto la salvación para todos (1 Juan 2:2).

   Dios desea que todos sean salvos (1 Tim. 2:3-4).

   Y espera pacientemente, deseando que todos procedan a la salvación (2 Pedro 3:9).

Perspectiva personal clave.

¿Cómo responderías a alguien que pregunta algo como: "Cómo puede un Dios perfecto, todopoderoso y bueno, permitir las guerras, enfermedades y dolor en el mundo actual?" Cuando nos enfrentamos a la tragedia, nuestro primer impulso es preguntar "¿Por qué? ¿Por qué permitiría Dios esto?" Este estudio nos ha recordado algunas de las respuestas, tanto para nosotros como para otros.

1. El mundo es malo, no por la creación de Dios, sino por la _________ del ser humano.
2. Dios se _____________ por aquellos que sufren
3. El terminar un día con la maldad es un propósito declarado de Dios
4. La razón por la que Dios espera es para que más gente sea _________ Y así no tengan que vivir separados de Él.

Comiencen a trabajar en la tarjeta de memorización no. 8, "La verdad acerca del bien y el mal".

Preguntas de discusión.

1. ¿Por qué piensas que es importante que seamos honestos acerca del hecho de que vivimos en un mundo malo? ¿Qué sucede cuando vivimos negando la realidad del mal?
2. ¿Por qué piensas que fue tan importante para Dios darnos el libre albedrío?
3. ¿Cuál es la diferencia entre: Dios permite el mal y Dios hace el mal?
4. ¿Qué es lo que te da la mayor esperanza y ánimo al enfrentar el sufrimiento personal?
5. ¿Qué te ha ayudado a reemplazar tus temores de Satanás y su maldad, con la fe en Dios?
6. ¿Por qué es malsano culpar siempre a otros por el mal en el mundo?
7. Jesús nos enseñó a orar "líbranos del mal" (Mat. 6:13). ¿En qué circunstancias quisieras que otros oren para que seas liberado del mal?

Respuestas a los espacios en blanco.

carácter
acciones
amor, escojamos
permite
puede existir
continúe existiendo
causa
compasión
cuidarnos
carácter
terminará
inflinge
ángel
cayó
limitada
permiso a Dios
condenado
acepta
ellos
mi
paciente
elección
preocupa
salva

EL bien y el mal.

2ª parte

Metas Transformadoras.

Capacitarte para vivir victoriosamente sobre el mal y sobre Satanás:

En un pensamiento específico
En un hábito específico
En una relación específica
En un problema específico

Perspectiva personal clave.

¡Eres victorioso sobre Satanás!

"porque todo el que ha nacido de Dios vence al mundo. Ésta es la victoria que vence al mundo: nuestra fe".

-1 Juan 5:4 (NVI)

"Desarmó a los poderes y a las potestades, y por medio de Cristo los humilló en público al exhibirlos en su desfile triunfal".

-Colosenses 2:15 (NVI)

"¡Pero gracias a Dios, que nos da la victoria por medio de nuestro Señor Jesucristo!"

-1 Corintios 15:57 (NVI)

"Sin embargo, en todo esto somos más que vencedores por medio de aquel que nos amó".

-Romanos 8:37 (NVI)

En la última sesión, vimos el problema total de la maldad. En esta sesión nos enfocaremos en la batalla personal que cada uno tiene contra el enemigo. Como podemos ver en los versículos anteriores, Dios nos ha garantizado la victoria, pero la victoria no viene fácil. En este estudio, veremos cómo ganar la batalla contra el mal en nuestras vidas diarias.

Pon la victoria en tu mente.

Mantente ____________________

La Biblia nos da dos figuras poderosas para ayudarnos a mantenernos alertas:

1. Vivimos "____________________________."

   "Sabemos que pertenecemos a Dios, aunque todo el mundo esté bajo el dominio del maligno".

   —1 John 5:19-1 Juan 5:19 (GNT, TRADUCIDA)

2. Satanás es como un "____________________."

   "Practiquen el dominio propio y manténganse alerta. Su enemigo el diablo ronda como león rugiente, buscando a quién devorar".

   -1 Pedro 5:8 (NVI)

Ser ____________________

"Por eso dice la Escritura: "Dios se opone a los orgullosos, pero da gracia a los humildes. Así que sométanse a Dios. Resistan al diablo, y él huirá de ustedes.

-Santiago 4:6-7 (NVI)

Siempre que resistas a Satanás, debes comenzar ______________ a Dios.

Ser ____________________

¿Se puede ser humilde y confiado al mismo tiempo? Claro que sí. Esta es la descripción de la vida cristiana. Ser humilde significa que no confío en mi. Ser confiado significa que estoy confiando en Dios.

- Confiado por la presencia de Dios

  "porque el que está en ustedes es más poderoso que el que está en el mundo". -1 Juan 4:4 (NVI)

- Confiado por la promesa de Dios

  "Muy pronto el Dios de paz aplastará a Satanás bajo los pies de ustedes".

  - Romanos 16:20 (NVI)

- Confiado por tus oraciones

  Jesús nos mandó a orar con fe por la victoria personal sobre el mal.

  No nos dejes caer en tentación, mas líbranos del mal".

  - Mateo 6:13 (NVI)

Los tres canales del mal

Satanás es la fuente de todo mal, pero hay tres diferentes vertientes de las cuales puede fluir el mal para influenciar nuestras vidas. Para vivir en victoria, debes comprender lo que son estos canales y saber la estrategia bíblica para la victoria, o de otra manera, usando la estrategia equivocada terminarás derrotado.

El ____________

Conoce a tu enemigo

En cualquier batalla la clave para la victoria sobre el enemigo es conocer y comprender al enemigo.

Con respecto al mundo, significa conocer la filosofía que rige y reina sobre esta tierra.

> "Porque nada de lo que hay en el mundo -los malos deseos del cuerpo, la codicia de los ojos y la arrogancia de la vida- proviene del Padre sino del mundo".
>
> -1 Juan 2:16 (NVI)

Estrategia para la victoria.

¿Cuál es la decisión personal que puedo tomar para tener victoria en este campo de batalla particular?

__________ a Dios.

> "No amen al mundo ni nada de lo que hay en él. Si alguien ama al mundo, no tiene el amor del Padre. Porque nada de lo que hay en el mundo -los malos deseos del cuerpo, la codicia de los ojos y la arrogancia de la vida- proviene del Padre sino del mundo. El mundo se acaba con sus malos deseos, pero el que hace la voluntad de Dios permanece para siempre".
>
> -1 Juan 2:15-17 (NVI)

La ____________

Conoce a tu enemigo

Una palabra fresca.

Dos significados para carne, en la Biblia:

1. Nuestros cuerpos físicos (1 Cor. 15:39; Juan 1:14)
2. Nuestra "disposición espiritual a pecar" (1 Cor. 3:3)

¡Esta es una materia importante! Hay una gran diferencia entre decir: "nuestros cuerpos son malos"; y decir "nuestra carne es mala". ¿Recuerdas nuestro estudio del Espíritu Santo? ¡Nuestros cuerpos son ahora templos del Espíritu Santo! 1 Corintios 15 nos dice que un día nuestros cuerpos resucitarán para la vida eternal. El pecado comienza en nuestros corazones poco dispuestos, no en nuestros cuerpos físicos. El pecado viene de dentro, no de fuera. El mal está en el corazón. No pensamos cosas malas porque vivimos en un mundo malo. ¡Vivimos en un mundo malo porque pensamos en cosas malas (Mat. 15:10-20)!

Estrategia para la victoria.

> "Les hablo así, hermanos, porque ustedes han sido llamados a ser libres; pero no se valgan de esa libertad para dar rienda suelta a sus pasiones. Más bien sírvanse unos a otros con amor....Así que les digo: Vivan por el Espíritu, y no seguirán los deseos de la naturaleza pecaminosa".
>
> - Gálatas 5:13, 16 (NVI)

____________ unos a otros en amor.

__________ por el Espíritu.

El Demonio.

Conoce a tu enemigo.

Mira el estudio de la sesión pasada.

Estrategia para la victoria.

Ponerse la _____________ espiritual.

> "Por lo tanto, pónganse toda la armadura de Dios, para que cuando llegue el día malo puedan resistir hasta el fin con firmeza. Manténganse firmes, ceñidos con el cinturón de la verdad, protegidos por la coraza de justicia, y calzados con la disposición de proclamar el evangelio de la paz. Además de todo esto, tomen el escudo de la fe, con el cual pueden apagar todas las flechas encendidas del maligno. Tomen el casco de la salvación y la espada del Espíritu, que es la palabra de Dios. Oren en el Espíritu en todo momento, con peticiones y ruegos. Manténganse alerta y perseveren en oración por todos los santos".
>
> - Efesios 6:13-18 (NVI)

¿Qué es esta armadura? Trata de no enfocarte en las figuras del cinto o el yelmo que presenta Efesios 6; enfócate en lo que la figura trata de comunicar. Pablo discute siete cosas que son una armadura contra el enemigo:

1. La verdad
2. La justicia
3. La disposición a compartir las Buenas Nuevas
4. La fe
5. La salvación
6. La Palabra de Dios
7. La oración

Cómo vencer el mal en mi vida diaria.

Hay muchas formas en las que debemos enfrentar la realidad del mal en las elecciones y las circunstancias de nuestras vidas diarias. ¿Cómo puedo gozar de la victoria de Dios cuando enfrento estos diferentes tipos de maldad en mi vida?

Pecado.

Nosotros enfrentamos nuestra elección personal de pecar, o no hacerlo.

> "Ciertamente les aseguro que todo el que peca es esclavo del pecado - respondió Jesús"
>
> -Juan 8:34 (NVI)

¿Quieres la victoria?, decide _______________.

> "Si confesamos nuestros pecados, Dios, que es fiel y justo, nos los perdonará y nos limpiará de toda maldad".
>
> -1ª Juan 1:9 (NVI)

> "Por tanto, para que sean borrados sus pecados, *arrepiéntanse y vuélvanse a Dios, a fin de que vengan tiempos de descanso de parte del Señor,"
>
> -Hch 3:19 (NVI)

Pruebas.

Enfrentamos el mal porque vivimos en un mundo caído. Y a veces enfrentamos circunstancias y dolorosas que no podemos evitar en esta vida. Puede ser que nosotros mismos traigamos circunstancias dolorosas y pruebas en nuestras vidas, pero algunas veces no tienen nada que ver con nosotros.

> Dios nos susurra en nuestro placer,
> nos habla a nuestra conciencia,
> pero grita en nuestro dolor:
> Es su megáfono para hablar a un mundo sordo.
>
> -C. S. Lewis

¿Quieres tener victoria? Decide ________________ (Mat. 5:12; Rom. 5:3-4).

> "Santiago, siervo de Dios y del Señor Jesucristo, a las doce tribus que se hallan dispersas por el mundo: Saludos. Hermanos míos, considérense muy dichosos cuando tengan que enfrentarse con diversas pruebas, pues ya saben que la prueba de su fe produce constancia. Y la constancia debe llevar a feliz término la obra, para que sean perfectos e íntegros, sin que les falte nada".
>
> -Santiago 1:1-4 (NVI)

Perspectiva personal clave.

Dos razones por las que Dios permite los problemas en nuestra vida:

1. Para desarrollar madurez (Stgo. 1:1-4; Rom. 5:3-4). Dios puede darnos el bien total o el mal temporal (Gen. 50:20; Rom. 8:28).
2. Para capacitarnos para el ____________________ (2 Cor. 1:3-7).

Segunda a los Corintios 1:4 nos dice que Dios "nos consuela en todas nuestras tribulaciones, para que podamos consolar a aquellos que están en tribulaciones con el consuelo que de Dios hemos recibido." Eventualmente, podrás consolar a alguien con el consuelo que Dios te dio cuando enfrentabas una prueba. Tu mayor ministerio vendrá probablemente de tu mayor dolor.

La tentación.

Enfrentamos el mal porque Satanás nos tienta a hacer lo malo.

¿Quieres victoria? Decide ___________ (Lucas22:46; Lucas 4:1-13).

Cuatro verdades que debemos recordar acerca de la tentación:

1. La tentación siempre estará en nuestras vidas (Lucas 4:2; 1 Tes. 3:5). Jesús fue perfecto, y fue tentado.

   Jesús era perfecto y fue tentado.

2. No es pecado ser tentado; el pecado es rendirnos frente a la tentación. Jesús fue tentado, pero nunca pecó (Mat. 4:1; Heb. 4:15).

3. Todos enfrentamos las mismas tentaciones.

   "La mujer vio que el fruto del árbol era bueno para comer, y que tenía buen aspecto y era deseable para adquirir sabiduría, así que tomó de su fruto y comió. Luego le dio a su esposo, y también él comió".

   - Génesis 3:6 (NVI)

   "Porque nada de lo que hay en el mundo -los malos deseos del cuerpo, la codicia de los ojos y la arrogancia de la vida- proviene del Padre sino del mundo".

   -1ª Juan 2:16 (NVI)

4. _____________ habrá una manera de escapar.

   Ustedes no han sufrido ninguna tentación que no sea común al género humano. Pero Dios es fiel, y no permitirá que ustedes sean tentados más allá de lo que puedan aguantar. Más bien, cuando llegue la tentación, él les dará también una salida a fin de que puedan resistir. "

   -1 Corintios 10:13 (NVI)

Una observación más detallada.

Una pregunta frecuente.

¿Cómo tratar con un "pecado habitual?" -El ciclo del pecado, confesión, pecado, confesión...?

Cambia el patrón a: "pecado-confesión-reenfoque".

Algunas veces, nos convertimos en nuestros peores enemigos. Mientras más nos enfocamos en lo que no debemos hacer, más se nos tienta y somos arrastrados a hacerlo. Si te pones a pelear con Satanás, ¡perderás! La solución: suelta tu lado de la cuerda y huye, ¡Niégate a jugar el juego de Satanás!

Aquí tienes cuatro maneras de reenfocar tu pensamiento

1. Adoración.
2. Salida radical (Mat. 5:29-30).
3. Decir la verdad; rendir cuentas a otra persona.
4. Fidelidad en el tiempo.

No te desanimes si no sientes un cambio inmediato. Piensa en esto como una balanza. Mientras más peso pones en el lado positivo, algún día la balanza se inclinará.

El principio nº 1 para vencer el mal.

¡Tomar la ofensiva!

- Cuando nos enfrentamos con la acusación interna, debemos pensar en la __________.

"Desarmó a los poderes y a las potestades, y por medio de Cristo los humilló en público al exhibirlos en su desfile triunfal".

- Colosenses 2:15 (NVI)

- Cuando somos enfrentados con la confrontación externa, imagínate a ti mismo como alguien que ha sido ___________

"El Señor me librará de todo mal y me preservará para su reino celestial. A él sea la gloria por los siglos de los siglos. Amén".

-2 Timoteo 4:18 (NVI)

"Jesucristo dio su vida por nuestros pecados para rescatarnos de este mundo malvado, según la voluntad de nuestro Dios y Padre".

- Gálatas 1:4 (NVI)

- Cuando te enfrentes al mal, haz el ______.

"No seas vencido de lo malo, mas bien vence con el bien el mal".

- Romanos 12:21 (NVI)

Este versículo extremadamente significativo, nos dice lo importante que es para nosotros enfocarnos. Nunca derrotarás al mal enfocándote en el mal: Satanás, sus demonios y las fuerzas malignas de este mundo. El mal es derrotado enfocándonos en lo que es bueno y viviéndolo.

"Pasamos por todas estas cosas triunfantes, victoriosos, por el poder de aquel que nos amó".

- Romanos 8:37 (NJB TRADUCIDO)

Actuando basados en la verdad.

¿Cómo podrías vencer al mal con el bien en esta semana?

Con un pensamiento específico: ¿Cómo puedes cambiar tu enfoque de lo que es malo a lo bueno en tu forma de pensar?

Con un hábito específico: ¿Cómo puedes cambiar un mal hábito, comprometiéndote con uno bueno?

En una relación específica: ¿cómo puedes comenzar a ver aquello que parece malo, como algo que Dios puede usar para bien?

En un problema específico: ¿Cómo puedes regocijarte en lo que Dios está haciendo en tu vida a través de un problema que enfrentas ahora mismo?

Termina memorizando la tarjeta 8, "La verdad acerca del Bien y el Mal."

Preguntas de discusión.

1. ¿En qué formas ves que Dios te recuerda que pongas tu confianza en Él y no en ti mismo? Pon cualquier ejemplo que venga a tu mente de cómo se ha fortalecido tu confianza en el Señor.
2. ¿A través de qué "canal" parece que el mal extiende su influencia sobre ti con más frecuencia: el mundo, la carne o Satanás? ¿Por qué piensas que sucede eso?
3. ¿Cuáles de las 7 partes de la armadura mencionada en Efesios 6 es la más efectiva para ti en cuanto a la protección del mal? ¿Cómo te colocas la armadura en tu vida diaria?
4. ¿Cuál ha sido la forma personal más efectiva a través de la cual has tratado con la tentación y las luchas con el orgullo, los placeres y las posesiones (la tentación de ser, hacer o tener)?
5. Hablen juntos acerca de cómo responderían las cuatro preguntas acerca de nuestros pensamientos, hábitos, relaciones y problemas, en la sección de "Actuando basados la verdad", al final de este estudio. Pide al grupo que ore por ti en cada una de esas áreas durante la siguiente semana.

Para Estudios posteriores

Elwell,Walter, ed. *Análisis Tópico de la Biblia.* Grand Rapids, Mich.: Baker, 1991.

Geisler, Norman, and Ron Brooks. *Cuando los escépticos pregunten.* Wheaton, Ill.: Victor, 1990.

Lewis, C. S. *El Problema del dolor.* New York: Touchstone, 1996.

Little, Paul. *Know What You Believe.* Wheaton, Ill.:Victor, 1987.

Rhodes, Ron. *El corazón del cristianismo.* Eugene, Ore.: Harvest House, 1996.

Yancey, Philip. *Desilusionado con Dios.* Grand Rapids, Mich.: Zondervan, 1988.

Yancey, Philip. *¿Dónde está Dios cuando nos duele?* Grand Rapids, Mich.: Zondervan, 1990.

Respuestas a los espacios en blanco.

alerta
detrás de las líneas enemigas
león rugiente
humilde
rindiéndote
confiado
mundo
amar
carne
servimos
vivir
armadura
arrepentirte
regocijarte en Él
ministerio
rechazar
siempre
cruz
rescatado
bien

La vida después de la muerte.
1ª parte

Metas Transformadoras

- Darte una comprensión profunda y estimular tu gratitud por el rescate de Dios y la certeza de una eternidad a su lado.
- Cambiar tu forma de pensar acerca de ti y de otros; desde, un enfoque del aquí y ahora, a un enfoque eterno.

Todos nos imaginamos el fin de nuestras vidas: ¿Cuánto tiempo nos queda, las circunstancias en que moriremos, y cómo será la muerte exactamente. La Biblia nos ofrece algunas verdades claras acerca del final de nuestras vidas, que necesitamos comprender. Estas verdades afectarán la forma en la que vivimos ahora y la manera en la que vemos el futuro.

En esta sesión veremos lo que la Biblia tiene que decirnos acerca del Infierno. Cubriremos lo referente al Cielo en la siguiente sesión (¡Primero las malas noticias, y después las buenas!)

TLas preguntas más frecuentes acerca del Infierno incluyen:

¿Es real el Infierno?
¿Por qué se creó el Infierno?
¿Quiénes irán al Infierno?
¿Qué les sucede a las personas en el Infierno?
¿Dónde van las personas cuando mueren?
¿Cómo puedo estar seguro de que no iré al Infierno?

¿Es el infierno un lugar real?

Jesús enseñó que el Infierno es un lugar de juicio. (En realidad, hay mas versículos en los que se enseña acerca del Infierno que del Cielo.)

> "Aquellos irán al castigo eterno, y los justos a la vida eterna"
> - Mateo 25:46 (NVI)

"Ciertamente les aseguro que ya viene la hora, y ha llegado ya, en que los muertos oirán la voz del Hijo de Dios, y los que la oigan vivirán. Los que han hecho el bien resucitarán para tener vida, pero los que han practicado el mal resucitarán para ser juzgados. Yo no puedo hacer nada por mi propia cuenta; juzgo sólo según lo que oigo, y mi juicio es justo, pues no busco hacer mi propia voluntad sino cumplir la voluntad del que me envió"

- Juan 5:24, 28-29 (NVI)

La Biblia habla de un momento de juicio por el que los seres humanos deben pasar. Se lo refiere en varios versículos como un momento de "separar" o "escoger" a los justos de los injustos.

Versículo	Metáfora
Mateo 13:47-51	Una red
Mateo 25:31-46	El pastor que separa ovejas de cabras
Mateo13:24-30	La siega en la que se separa el trigo de la cizaña

¿Quién es el que juzga y separa? __________, el único justo.

"Él ha fijado un día en que juzgará al mundo con justicia, por medio del hombre que ha designado. De ello ha dado pruebas a todos al levantarlo de entre los muertos".

-Hch 17:31 (NVI)

¿Por qué fue creado el Infierno?

- El Infierno no fue creado originalmente para los seres humanos sino para ________________________.

  "Luego dirá a los que estén a su izquierda: "Apártense de mí, malditos, al fuego eterno preparado para el diablo y sus ángeles".

  - Mateo 25:41 (NVI)

  Estos son los ángeles que siguieron a Satanás cuando éste trató de liderar una rebelión contra Dios en el cielo, también se los llama demonios.

- Contrariamente a la opinión popular, Satanás no está todavía confinado al Infierno. El reside ahora en la ______________.

  Satanás es llamado 4 veces en los evangelios: el "príncipe de este mundo".

  "El juicio de este mundo ha llegado ya, y el príncipe de este mundo va a ser expulsado".

  - Juan 12:31 (NVI)

- De acuerdo al Apocalipsis, un día Dios lanzará a Satanás, a la muerte y al Hades al ______________________ (otro nombre para Infierno).

  "El diablo, que los había engañado, será arrojado al lago de fuego y azufre, donde también habrán sido arrojados la bestia y el falso profeta. Allí serán atormentados día y noche por los siglos de los siglos".

  -Apocalipsis 20:10 (NVI)

  "La muerte y el Infierno fueron arrojados al lago de fuego. Este lago de fuego es la muerte segunda".

  -Apocalipsis 20:14 (NVI)

¿Quiénes estarán en el Infierno?

El Infierno fue creado para Satanás y sus demonios. Lamentablemente, ellos no serán los únicos que estarán allí por la eternidad.

Los hechos de la vida y la eternidad que eventualmente debemos enfrentar son:

- Todos estábamos encaminados a una eternidad sin Dios en el Infierno.

  ..."pues todos han pecado y están privados de la gloria de Dios".

  - Romanos 3:23 (NVI)

- Jesús vino a rescatarnos de la segura separación de Dios.

  "y esperar del cielo a Jesús, su Hijo a quien resucitó, que nos libra del castigo venidero".

  -1 Tesalonicenses 1:10 (NVI)

  Sólo Jesús nos puede rescatar porque sólo Él nos puede ofrecer el perdón de cualquier pecado, porque es por el pecado que pasaremos la eternidad en el Infierno.

- ¡Los que confían en el Señor son rescatados!

  ..."Por eso (Jesús) puede salvar para siempre a los que se acercan a Dios por medio de él, pues vive para siempre, para rogar a Dios por ellos".

  -Hebreos 7:25 (DHH)

- Los que no han puesto su confianza en Jesús no serán rescatados del Infierno.

  "Y el testimonio es éste: que Dios nos ha dado vida eterna, y esa vida está en su Hijo. El que tiene al Hijo, tiene la vida; el que no tiene al Hijo de Dios, no tiene la vida".

  -1ª Juan 5:11-12 (NVI)

Perspectiva personal clave.

¿Qué de las personas que amo?

Después de que nosotros hemos sido rescatados del Infierno confiando en la gracia y el amor de Jesús, nuestras mentes inmediatamente se dirigen a aquellos que amamos. La idea de que ellos pasen su eternidad separados de Dios es demasiado dolorosa para aceptarla.

Pero si están vivos, ¡_______ _______________!

Comunica a aquellos que amas, las Buenas Noticias de que Dios puede rescatarlos también. Muchos que inicialmente rechazaron la invitación de Dios a la vida y el perdón a través de Jesús, terminaron aceptándolo. (El apóstol Pablo fue uno de ellos.)

Pero si ya murieron, ________________________.

Recuerda que Dios es el juez último en la eternidad; no tú. En lugar de encerrarte en un inútil sufrimiento por ellos, frente a aquello que ya no podrás cambiar, déjalo en manos de Dios. Que esa preocupación más bien te motive a compartir con aquellos que aún viven y pueden acceder a la esperanza que Jesús nos da. Asegúrate de que aquellos que amas no tengan duda alguna de tu fe en Cristo y del hecho de que irás al Cielo cuando mueras.

¿Qué le sucede a las personas en el Infierno?

La Biblia enseña claramente que el Infierno es un lugar de tormento y angustia eternos.

> "Aquellos irán al castigo eterno, y los justos a la vida eternal".
>
> - Mateo 25:46 (NVI)

Tormento emocional/relacional

> "Pero a los súbditos del reino se les echará afuera, a la oscuridad, donde habrá llanto y rechinar de dientes".
>
> - Mateo 8:12 (NVI)

> "No teman a los que matan el cuerpo pero no pueden matar el alma. Teman más bien al que puede destruir alma y cuerpo en el Infierno".
>
> -Mateo 10:28 (NVI)

Tormento físico.

> "Si tu mano te hace pecar, córtatela. Más te vale entrar en la vida manco, que ir con las dos manos al Infierno, donde el fuego nunca se apaga.Y si tu pie te hace pecar, córtatelo. Más te vale entrar en la vida cojo, que ser arrojado con los dos pies al Infierno.Y si tu ojo te hace pecar, sácatelo. Más te vale entrar tuerto en el reino de Dios, que ser arrojado con los dos ojos al Infierno, donde el gusano no muere, y el fuego no se apaga. La sal con que todos serán sazonados es el fuego. La sal es buena, pero si deja de ser salada, ¿cómo le pueden volver a dar sabor? Que no falte la sal entre ustedes, para que puedan vivir en paz unos con otros."
>
> -Marcos 9:43-48 (NVI)

Tormento espiritual.

> "Luego dirá a los que estén a su izquierda: "Apártense de mí, malditos, al fuego eterno preparado para el diablo y sus ángeles".
>
> -Mateo 25:41 (NVI)

> "Ellos sufrirán el castigo de la destrucción eterna, lejos de la presencia del Señor y de la majestad de su poder,"
>
> -2 Tesalonicenses1:9 (NVI)

¿A dónde van las personas cuando mueren?

En este punto, veremos profundamente algunas cosas referentes a la vida después de la muerte. Colócate tu traje de buceo espiritual, porque nos sumergiremos muy profundo en los siguientes minutos. Las verdades que examinaremos a continuación son complicadas, pero valen la pena. Si no comprendemos bien estas verdades, podemos ser presa de falsas enseñanzas y dudas personales de todo tipo.

La revelación progresiva de la vida después de la muerte en la Biblia.

1. En gran parte del Antiguo Testamento, lo que venía a partir de la muerte era visto como algo oscuro y desconocido.

El Seol.

La palabra hebrea Seol se usa unas 66 veces en el Antiguo Testamento. Consistentemente el Antiguo Testamento se refiere a que el cuerpo del hombre va a la tumba y su alma al Seol. La idea más temprana del Seol, indica que en las mentes de las personas no se hacía una distinción entre personas buenas y malas: todos iban al Seol. (Gen. 25:8; 37:35). Al transcurrir el tiempo, la gente comenzó a creer que el propio Seol tendría secciones; hay un contraste evidente entre la parte "de arriba" y la de "abajo." Aunque no se lo dice explícitamente, parece que los malos irían a la parte baja mientras los buenos a la parte alta.(Deut. 32:22).

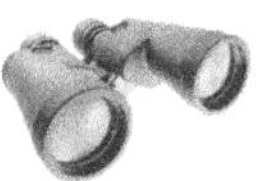

Una mirada más de cerca.

Aunque los santos del Antiguo Testamento no tenían una comprensión clara y precisa de lo que sucedía después de la muerte, esta falta de comprensión no les impidió que disfrutaran de sus recompensas eternas. Quizá no sabían que irían a la presencia de Dios, pero ciertamente allí fueron.

2. Durante el período inter testamentario (400 años entre los eventos finales del Antiguo Testamento y los primeros del Nuevo), el concepto judío del Seol progresó hasta el punto en que se creía que ese lugar tenía dos distintos compartimentos.

   Una sección era un lugar de tormento para los malvados, se llamaba ________.

   La otra sección era un lugar de disfrute conciente, llamado a menudo ________________________________.

   "Había un hombre rico que se vestía lujosamente y daba espléndidos banquetes todos los días. A la puerta de su casa se tendía un mendigo llamado Lázaro, que estaba cubierto de llagas y que hubiera querido llenarse el estómago con lo que caía de la mesa del rico. Hasta los perros se acercaban y le lamían las llagas. Resulta que murió el mendigo, y los ángeles se lo llevaron para que estuviera al lado de Abraham. También murió el rico, y lo sepultaron. En el Infierno, en medio de sus tormentos, el rico levantó los ojos y vio de lejos a Abraham, y a Lázaro junto a él. Así que alzó la voz y lo llamó: "Padre Abraham, ten compasión de mí y manda a Lázaro que moje la punta del dedo en agua y me refresque la lengua, porque estoy sufriendo mucho en este fuego." Pero Abraham le contestó: "Hijo, recuerda que durante tu vida te fue muy bien, mientras que a Lázaro le fue muy mal; pero ahora a él le toca recibir consuelo aquí, y a ti, sufrir terriblemente. Además de eso, hay un gran abismo entre nosotros y ustedes, de modo que los que quieren pasar de aquí para allá no pueden, ni tampoco pueden los de allá para acá." Él respondió: "Entonces te ruego, padre, que mandes a Lázaro a la casa de mi padre, para que advierta a mis cinco hermanos y no vengan ellos también a este lugar de tormento." Pero Abraham le contestó: "Ya tienen a Moisés y a los profetas; ¡que les hagan caso a ellos!" "No les harán caso, padre Abraham -replicó el rico-; en cambio, si se les presentara uno de entre los muertos, entonces sí se arrepentirían. Abraham le dijo: "Si no les hacen caso a Moisés y a los profetas, tampoco se convencerán aunque alguien se levante de entre los muertos".

- Lucas16:19-31 (NVI)

Una observación detallada

La historia de Jesús en Lucas 16, nos enseña dos verdades que no nos gusta oír:

1. No existe ________________ del tormento.
2. No hay ________________________

3. Después de la resurrección de Cristo, el Nuevo Testamento nos enseña que los creyentes que mueren entran inmediatamente a la presencia de Cristo y que los no creyentes entran inmediatamente a un lugar de castigo y separación de Dios.

"Me siento presionado por dos posibilidades: deseo partir y estar con Cristo, que es muchísimo mejor,"

-Filipenses 1:23 (NVI)

El estado intermedio y la resurrección del cuerpo.

"Por eso, mantenemos siempre la confianza, aunque sabemos que mientras vivamos en este cuerpo estaremos alejados del Señor. Vivimos por fe, no por vista. Así que nos mantenemos confiados, y preferiríamos ausentarnos de este cuerpo y vivir junto al Señor".

-2 Corintios 5:6-8 (NVI)

El "Estado intermedio", es la frase usada por los teólogos para describir el estado en el cual están los que han muerto entre este presente y el momento en el que Jesús regresará.

¿Por qué la diferencia? Porque mientras nuestras almas ya tienen un lugar, ya sea junto a Dios o para sufrir en el Hades, nuestros cuerpos no han sido aún resucitados como lo ha sido el cuerpo de Jesús.

"Encontraron que había sido quitada la piedra que cubría el sepulcro, y al entrar, no hallaron el cuerpo del Señor Jesús".

- Lucas 24:2-3 (NVI)

La Biblia nos dice claramente que:

- Cuando Jesús resucitó, obtuvo un cuerpo resucitado (Juan 20:19-20).
- Nosotros también tendremos un cuerpo resucitado (1 Corintios 15:42-44).
- Recibiremos ese cuerpo resucitado cuando Jesús regrese (1 Tesalonicenses 4:16-17).

No temas. Aunque el cuerpo espera la resurrección, cuando mueras, tu espíritu irá inmediatamente con el Señor.

Imagínatelo así:

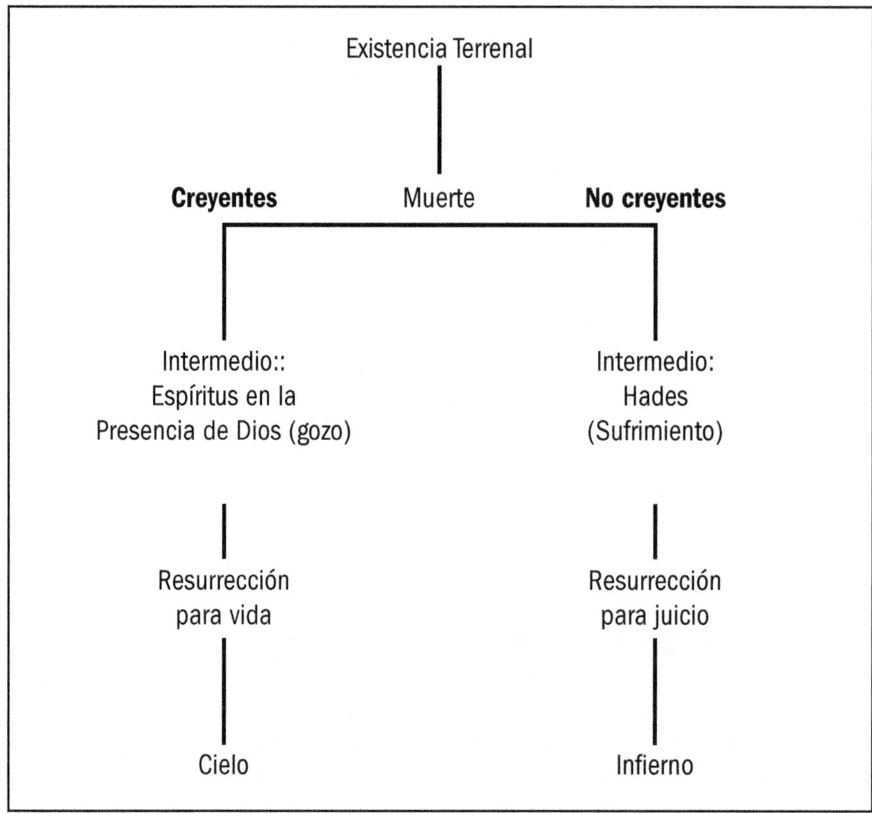

Perspectiva personal clave.

¿Cómo puedo estar seguro de que no pasaré mi eternidad en el Infierno?

¿Qué tipo de crimen debe cometer una persona para ser enviado a tan horrible lugar? El crimen que enviará a una persona al Infierno es:

__________ a Jesucristo como el Hijo de Dios, el Salvador que todos necesitamos.

> "Porque tanto amó Dios al mundo, que dio a su Hijo unigénito, para que todo el que cree en él no se pierda, sino que tenga vida eterna. Dios no envió a su Hijo al mundo para condenar al mundo, sino para salvarlo por medio de él. El que cree en él no es condenado, pero el que no cree ya está condenado por no haber creído en el nombre del Hijo unigénito de Dios".
>
> - Juan 3:16-18

Recuerda: Si decides (por deseo o por omisión), vivir separado de Dios en esta vida, vivirás separado de Dios ¡en la vida siguiente! Pero si aceptas la oferta de Dios de tener una relación con Él a través de Jesús, vivirás con Dios durante tu siguiente vida.

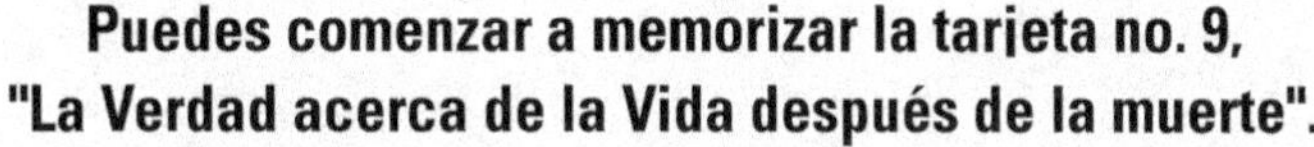

Puedes comenzar a memorizar la tarjeta no. 9, "La Verdad acerca de la Vida después de la muerte".

Preguntas de discusión.

1. ¿ Qué piensas acerca de qué es lo que influye más poderosamente en las creencias de las personas sobre la vida después de la muerte?
   - La Biblia.
   - Otras religiones del mundo.
   - Pensamiento de la Nueva Era.
   - Pensamiento positivo.
   - Películas y TV
   - Otras ______________________________
2. Hemos aprendido que existe un Infierno. ¿Qué es lo que te recuerda más claramente que el Infierno es un lugar real? ¿Por qué es tan importante el hecho de que exista un Infierno?

3. Tomen tiempo juntos como grupo para orar acerca de dos cosas:
   - Oraciones de alabanza por el sacrificio voluntario de Jesús en la cruz, que nos salvó del Infierno.
   - Oraciones por aquellos que sabes que aún no han confiado en Cristo, para que sean salvos .
4. ¿Por qué piensas que la Biblia es tan clara y gráfica al enseñarnos que existe un lugar de sufrimiento?
5. ¿Cómo te hace sentir el hecho de que, como creyente, nunca tendrás que estar de pie frente a Dios para ser juzgado, respecto a si irás al Cielo o al Infierno, porque eso ya está arreglado? Hablen juntos acerca de la confianza y el gozo de saber que ya hemos tomado la decisión más importante de nuestras vidas.

Respuestas a los espacios en blanco.

Jesús
Satanás y sus ángeles
tierra
Lago de fuego
No te rindas
Confíalos a Dios
Hades
El Seno de Abraham o Paraíso
descanso
Segundas oportunidades
Rechazar

La vida después de la muerte.
2ª parte

Metas Transformadoras

- ¡Gozo!
- Decidir vivir a la luz de la eternidad, de una manera significativa durante la siguiente semana.

> "sigo avanzando hacia la meta para ganar el premio que Dios ofrece mediante su llamamiento celestial en Cristo Jesús".
>
> -Filipenses 3:14 (NVI)

Dios ha creado al hombre y a la mujer con un sentido de que esta vida no lo es todo, la Biblia dice:

> "Dios hizo todo hermoso en su momento, y puso en la mente humana el sentido del tiempo, aun cuando el hombre no alcanza a comprender la obra que Dios realiza de principio a fin".
>
> -Eclesiastés 3:11 (NVi

Todos sabemos instintivamente, que la tumba no es nuestro destino final. En la última sesión, exploramos lo que será la vida después de la muerte para los no creyentes.

Quedan muchas preguntas acerca de los asuntos específicos de la vida después de la muerte para los creyentes:

¿Dónde está el Cielo?
¿Quién estará en el Cielo?
¿Cómo seré juzgado como creyente?
¿Cómo será el Cielo?
¿Cómo podría afectar el Cielo a mi vida actual?
¿Dónde está el Cielo?

¿Dónde está el Cielo?

El Cielo está _______

"Hacia ti dirijo la mirada, hacia ti, cuyo trono está en el cielo".
-Salmo 123:1 (NVI)

En el Antiguo Testamento se habla de cielo figurativamente, en términos de las alturas o cielo. Los cielos es donde vuelan los pájaros, respiran los árboles y cae la lluvia. Este era llamado el ____________________.

También se llamaba "cielos" al lugar donde está la luna y las estrellas en sus órbitas. Este era llamado el ____________________.

Y el ______________, o el cielo mayor era el lugar donde habitaba Dios de una manera especial.

El Cielo es un ________________

El Cielo es el lugar donde Dios ____________________ y el lugar ____________________ los creyentes.

"Oí una potente voz que provenía del trono y decía: "¡Aquí, entre los seres humanos, está la morada de Dios! Él acampará en medio de ellos, y ellos serán su pueblo; Dios mismo estará con ellos y será su Dios".
-Apocalipsis 21:3 (NVI)

Uno de los nombres que se le ha dado al Cielo es ______________.

"Antes bien, anhelaban una patria mejor, es decir, la celestial. Por lo tanto, Dios no se avergonzó de ser llamado su Dios, y les preparó una ciudad".
- Hebreos 11:16 (NVI)

¿Quién estará en el Cielo?

En Hebreos 12:22-23 se nos presentan muchos habitantes:

"Por el contrario, ustedes se han acercado al monte Sión, a la Jerusalén celestial, la ciudad del Dios viviente. Se han acercado a millares y millares de ángeles, a una asamblea gozosa, a la iglesia de los primogénitos inscritos en el cielo. Se han acercado a Dios, el juez de todos; a los espíritus de los justos que han llegado a la perfección".
-Hebreos 12:22-23 (NVI)

En este pasaje se nos dice que en el Cielo estarán:

Los ángeles.

Dios.

La Iglesia.

Los creyentes del Antiguo Testamento.

Como vimos en el último estudio, las únicas personas que pasarán la eternidad con Dios son aquellos que lo han escogido durante su vida.

> "Que si confiesas con tu boca que Jesús es el Señor, y crees en tu corazón que Dios lo levantó de entre los muertos, serás salvo".
>
> \- Romanos 10:9 (NVI)

Una observación detallada.

¿Irán al Cielo los bebés o niños que mueren? ¡Sí! Aunque no son lo suficientemente mayores para ser salvos, están seguros por la gracia de Dios. Un niño (o alguien mentalmente incapacitado), que muere antes de alcanzar la edad en la que pueden comprender su pecado o necesidad de Cristo, no serán puestos a cuentas por lo que no pudieron comprender. Eso violaría tanto la justicia como la gracia de Dios. Aunque la Biblia no responde directamente estas preguntas, podemos ver dos indicaciones específicas para saber que la respuesta es sí.

1. Dios es justo y correcto en todo lo que hace.

   > "El Señor es justo en todos sus caminos y bondadoso en todas sus obras".
   >
   > \- Salmo145:17 (NVI)

   Dios nunca errará en ninguno de sus juicios.

2. David pensó que sería reunido con su bebé que había muerto (2 Sam. 12:23).

¿Cómo seré juzgado como creyente?

La Biblia nos habla de dos juicios al terminar el mundo

1. El juicio del ______________________________

   En este juicio, aquellos que no han creído en Jesús, escucharán su juicio final y su sentencia de separación de Dios. Aquellos que confiaron en Cristo no enfrentarán este juicio.

2. El juicio " ____________________ "

   Tratándose de los creyentes de Corinto, Pablo escribe:

   > "Porque es necesario que todos comparezcamos ante el tribunal de Cristo, para que cada uno reciba lo que le corresponda, según lo bueno o malo que haya hecho mientras vivió en el cuerpo".
   >
   > -2 Corintios 5:10 (NVI)

   "Bema" es la palabra griega que se traduce como "tribunal" en estos versículos.

La naturaleza del juicio Bema

> "Todos también comieron el mismo alimento espiritual y tomaron la misma bebida espiritual, pues bebían de la roca espiritual que los

acompañaba, y la roca era Cristo. Sin embargo, la mayoría de ellos no agradaron a Dios, y sus cuerpos quedaron tendidos en el desierto. Todo eso sucedió para servirnos de ejemplo, a fin de que no nos apasionemos por lo malo, como lo hicieron ellos. No sean idólatras, como lo fueron algunos de ellos, según está escrito: "Se sentó el pueblo a comer y a beber, y se entregó al desenfreno." No cometamos inmoralidad sexual, como algunos lo hicieron, por lo que en un sólo día perecieron veintitrés mil. Tampoco pongamos a prueba al Señor, como lo hicieron algunos y murieron víctimas de las serpientes. Ni murmuren contra Dios, como lo hicieron algunos y sucumbieron a manos del ángel destructor. Todo eso les sucedió para servir de ejemplo, y quedó escrito para advertencia nuestra, pues a nosotros nos ha llegado el fin de los tiempos. Por lo tanto, si alguien piensa que está firme, tenga cuidado de no caer. Ustedes no han sufrido ninguna tentación que no sea común al género humano. Pero Dios es fiel, y no permitirá que ustedes sean tentados más allá de lo que puedan aguantar. Más bien, cuando llegue la tentación, él les dará también una salida a fin de que puedan resistir. Por tanto, mis queridos hermanos, huyan de la idolatría. Me dirijo a personas sensatas; juzguen ustedes mismos lo que digo".

-1ª Corintios 3:10-15 (NVI)

1. Lo que hayamos construido en nuestra vidas y que perdure será ___________.

2. Lo que hayamos hecho en nuestras vidas y que no perdure se ________.

3. Sin importar las recompensas o pérdidas, nuestra salvación es ______________.

"Por lo tanto, no juzguen nada antes de tiempo; esperen hasta que venga el Señor. Él sacará a la luz lo que está oculto en la oscuridad y pondrá al descubierto las intenciones de cada corazón. Entonces cada uno recibirá de Dios la alabanza que le corresponda".

- 1 Corintios 4:5 (NVI)

Una observación detallada.

Se nos dice en las Escrituras que los creyentes serán recompensados en base a 3 puntos específicos:

1. __________________

"Porque el Hijo del hombre ha de venir en la gloria de su Padre con sus ángeles, y entonces recompensará a cada persona según lo que haya hecho".

- Mateo 16:27

2. __________________

"Yo, el SEÑOR, sondeo el corazón y examino los pensamientos, para darle a cada uno según sus acciones y según el fruto de sus obras".

-Jeremías 17:10

3. __________________

"Pero yo les digo que en el día del juicio todos tendrán que dar cuenta de toda palabra ociosa que hayan pronunciado".

- Mateo 12:36

¿Cómo será el Cielo?

Seis verdades para gozarte.

"Me has dado a conocer la senda de la vida; me llenarás de alegría en tu presencia, y de dicha eterna a tu derecha".

- Salmo 16:11 (NVI)

1. Santidad

"¡Al único Dios, nuestro Salvador, que puede guardarlos para que no caigan, y establecerlos sin tacha y con gran alegría ante su gloriosa presencia"

- Judas1:24 (NVI)

"Queridos hermanos, ahora somos hijos de Dios, pero todavía no se ha manifestado lo que habremos de ser. Sabemos, sin embargo, que cuando Cristo venga seremos semejantes a él, porque lo veremos tal como él es".

- 1 Juan 3:2 (NVI)

2. Un cuerpo glorificado.

"De hecho, sabemos que si esta tienda de campaña en que vivimos se deshace, tenemos de Dios un edificio, una casa eterna en el cielo, no construida por manos humanas".

-2 Corintios 5:1 (NVI)

"Realmente, vivimos en esta tienda de campaña, suspirando y agobiados, pues no deseamos ser desvestidos sino revestidos, para que lo mortal sea absorbido por la vida".

-2 Corintios 5:4 (NVI)

3. Inmortalidad.

"Él les enjugará toda lágrima de los ojos. Ya no habrá muerte, ni llanto, ni lamento ni dolor, porque las primeras cosas han dejado de existir."

-Apocalipsis 21:4 (NVI)

"Porque lo corruptible tiene que revestirse de lo incorruptible, y lo mortal, de inmortalidad".

-1 Corintios 15:53 (NVI)

4. Satisfacción de todas las necesidades.

"Ya no sufrirán hambre ni sed. No los abatirá el sol ni ningún calor abrasador".

-Apocalipsis 7:16 (NVI)

5. Compartiendo la gloria de Cristo.

"Y si somos hijos, somos herederos; herederos de Dios y coherederos con Cristo, pues si ahora sufrimos con él, también tendremos parte con él en su gloria".

- Romanos 8:17 (NVI)

6. Comunión íntima con Dios y con otros creyentes.

"Ahora vemos de manera indirecta y velada, como en un espejo; pero entonces veremos cara a cara. Ahora conozco de manera imperfecta, pero entonces conoceré tal y como soy conocido".

-1ª Corintios 13:12 (NVI)

¿Cómo pueden mis pensamientos respecto al Cielo afectar mi vida diaria?

Veamos cinco áreas específicas que pueden afectar nuestras vidas ahora, teniendo al Cielo en mente.

1. Motivación al ______________________

   "Yo soy el camino, la verdad y la vida -le contestó Jesús-. Nadie llega al Padre sino por mí."

   - Juan 14:6 (NVI)

   "Y el testimonio es éste: que Dios nos ha dado vida eterna, y esa vida está en su Hijo. El que tiene al Hijo, tiene la vida; el que no tiene al Hijo de Dios, no tiene la vida".

   -1 Juan 5:11-12 (NVI)

2. Uso sabio de nuestro DINERO

   "No acumulen para sí tesoros en la tierra, donde la polilla y el óxido destruyen, y donde los ladrones se meten a robar. Más bien, acumulen para sí tesoros en el cielo, donde ni la polilla ni el óxido carcomen, ni los ladrones se meten a robar. Porque donde esté tu tesoro, allí estará también tu corazón".

   - Mateo 6:19-21 (NVI)

3. Servir a los _____________

   "Entonces dirá el Rey a los que estén a su derecha: 'Vengan ustedes, a quienes mi Padre ha bendecido; reciban su herencia, el reino preparado para ustedes desde la creación del mundo. Porque tuve hambre, y ustedes me dieron de comer; tuve sed, y me dieron de beber; fui forastero, y me dieron alojamiento; necesité ropa, y me vistieron; estuve enfermo, y me atendieron; estuve en la cárcel, y me visitaron.' Y le contestarán los justos: 'Señor, ¿cuándo te vimos hambriento y te alimentamos, o sediento y te dimos de beber? ¿Cuándo te vimos como forastero y te dimos alojamiento, o necesitado de ropa y te vestimos? ¿Cuándo te vimos enfermo o en la cárcel y te visitamos?' El Rey les responderá: 'Les aseguro que todo lo que hicieron por uno de mis hermanos, aun por el más pequeño, lo hicieron por mí'".

   - Mateo 25:34-40 (NVI)

Escucha esto, Cristiano

Tuve hambre, y formaste clubes de ayuda social para discutir el asunto. Gracias.

Estuve preso, y te reuniste escondido en el sótano de tu capilla para orar por mi liberación.

Estuve desnudo, y en tu mente debatías acerca de la moralidad de mi apariencia.

Estuve enfermo, y te arrodillaste y agradeciste por tu propia salud.

No tenía hogar, y me predicaste del refugio espiritual del amor de Dios.

Estaba solo, y me dejaste solo para orar por mí.

Parecías tan santo, tan cercano a Dios. Pero aún tengo hambre, estoy solo y tengo frío.

Gracias.

4. Fortaleza en el ____________________

"Por tanto, no nos desanimamos. Al contrario, aunque por fuera nos vamos desgastando, por dentro nos vamos renovando día tras día. Pues los sufrimientos ligeros y efímeros que ahora padecemos producen una gloria eterna que vale muchísimo más que todo sufrimiento. Así que no nos fijamos en lo visible sino en lo invisible, ya que lo que se ve es pasajero, mientras que lo que no se ve es eterno".

-2 Corintios 4:16-18 (NVI)

5. Tomar con calma las ______________________

"Ya que han resucitado con Cristo, busquen las cosas de arriba, donde está Cristo sentado a la derecha de Dios. Concentren su atención en las cosas de arriba, no en las de la tierra,"

- Colosenses 3:1-2 (NVI)

Actuando en la verdad.

La Palabra de Dios nos instruye repetidamente a cambiar nuestro enfoque de las cosas terrenales para poner nuestra mente en la perspectiva de Dios. Durante una semana, toma siete minutos al comenzar o finalizar el día, para enfocarte en las siguientes siete verdades:

1. Su plan para mí nunca cambia.
2. Mi salvación está segura en el cielo, donde nada puede destruirla.
3. Cuando venga por mí, iré con él al hogar que cuidadosa y amorosamente me preparó.
4. Nada podrá jamás separarme de su amor; ni el dolor, ni el sufrimiento, ni las tragedias, ni las dificultades, ni el demonio, ni... ¡esos horribles errores de mi parte!
5. Pasaré mis días aprendiendo a amar y confiar en Él.
6. Debo tener brazos y manos compasivas para abrazar a otros seres humanos.
7. Cantaban con todas sus fuerzas: "¡Digno es el Cordero, que ha sido sacrificado, de recibir el poder, la riqueza y la sabiduría, la fortaleza y la honra, la gloria y la alabanza!"

¡Digno es el Cordero, que ha sido sacrificado, de recibir el poder, la riqueza y la sabiduría, la fortaleza y la honra, la gloria y la alabanza!

-Apocalipsis 5:12

Termina memorizando la tarjeta 9, "La verdad acerca de la vida después de la muerte".

Preguntas de discusión.

1. Hagan juntos una l"luvia de ideas" acerca de lo maravilloso que será el cielo; ¡diviértanse!, completando las siguientes afirmaciones:

   Lo mejor respecto al cielo será que no deberé ...

   Lo mejor acerca del cielo será que voy a poder . . .

   Una imagen que me ayuda a pensar en la grandeza del cielo es...

   En el cielo habrá abundante . . .

   En el cielo no habrá . . .

   Alguien que quisiera ver en el cielo es . . .

   Algo que me gustaría hacer en el cielo es . . .

2. Primera de Corintios 3:10-15 nos dice que los creyentes que construyen las cosas equivocadas en sus vidas "sufrirán pérdidas" pero igual serán salvos. ¿Qué cosas que hacemos mal piensas que serán "quemadas"? ¿Qué cosas crees que perduran? ¿Qué pérdidas crees que sufriremos?

3. Mira nuevamente la lista de las seis cosas que describen "como será el cielo" ¿Cuáles puntos te parecen más atractivos ahora mismo? ¿Cuál es la más difícil de comprender?

4. ¿Cómo quisieras que fuera tu cuerpo glorificado? ¿Qué te gustaría poder hacer?

5. ¿De qué manera te gustaría que la verdad del cielo impacte tu vida diaria?

Para estudios posteriores

Elwell, Walter, ed. *Análisis Tópico de la Biblia.* Grand Rapids, Mich.: Baker, 1991.

Evans, Louis H., Sr. *Tu emocionante Futuro.* Wheaton, Ill.: Tyndale, 1982.

Gilmore, John. *Cielo Probado.* Grand Rapids, Mich.: Baker, 1989.

Habermas, Gary R. *Inmortalidad: El otro lado de la muerte.*Nashville: Nelson, 1992.

Hybels, Bill. *"Tu eternidad futura: El Cielo."* Audiotape. Carol Stream, Ill.: Preaching Today, n.d.

Morey, Dr. Robert A. *La muerte y la vida después de la muerte.* Minneapolis: Bethany, 1984.

Rhodes, Ron. *El cielo: La patria no descubierta.* Eugene, Ore.: Harvest House, 1995.

Toon, Peter. *Cielo e Infierno.* Nashville: Nelson, 1986.

Respuestas a los espacios en blanco.

arriba
Primer cielo
Segundo cielo
Tercer cielo
hogar
habitación final
donde habitaremos
ciudad celestial
Gran Trono Blanco
"bema"
recompensado
perderá
segura
acciones
pensamiento
palabras
evangelismo
dinero
necesitados
sufrimiento
ansiedades

La Iglesia

1ª parte

Metas Transformadoras

- Profundizar tu amor y compromiso hacia la iglesia.
- Ver de una forma nueva y más profunda cuál es tu parte en la tarea de cumplir los cinco propósitos de la iglesia.

Al arrancar este estudio de la iglesia de Dios, algunos podrían preguntar," ¿Por qué es tan importante la iglesia?" Por qué no podemos tener simplemente una relación con Jesús y olvidarnos de la iglesia. Todos conocemos a personas que se consideran a sí mismas cristianas y asisten rara vez a una iglesia. ¿Es la iglesia realmente necesaria?

¡Absolutamente! Tener fe en Dios significa que no podemos vivir nuestra vida cristiana aislados, como un llanero solitario cristiano. La verdad es que no podemos vivir la vida cristiana sin pertenecer a una iglesia. El Nuevo Testamento jamás cita a cristianos que no se relacionaran con una congregación.

Nuestra necesidad de la iglesia.

El ideal de Dios	Nuestra práctica actual
La iglesia es una necesidad espiritual opcional	La iglesia es una actividad
La interdependencia es valorada	El individualismo es valorado
La espiritualidad se da en la comunidad	La religión es un asunto privado
Involucrarse activamente en asuntos	Distante del mundo real
Toda la gente es aceptada y está unida	Practica la segregación (racial,social status, etc.)
Comportamiento Auténtico, se actúa del mismo modo en público que en privado	Hipocresía, al decir ciertas cosas y practicar otras

Para recuperar el rol que Dios tenía originalmente para su iglesia, debemos comprender cómo comenzó la iglesia, cuál es su naturaleza, su misión, y explorar las implicaciones de esto para nuestra iglesia.

El comienzo de la Iglesia.

La ____________ de Dios

La Biblia lo deja claro; Dios siempre ha deseado crear gente para sí mismo, gente que lo ame con todo su corazón y que pueda ser probada en su fidelidad a Dios.

> "Porque para el SEÑOR tu Dios tú eres un pueblo santo; él te eligió para que fueras su posesión exclusiva entre todos los pueblos de la tierra".
>
> \- Deuteronomio 7:6 (NVI)

Una observación detallada.

Cuando Adán renunció a la bendición de estar en armonía con Dios, Dios decidió crear un pueblo para sí. Llamó a Abraham, Isaac y Jacob para que fueran los patriarcas de ese pueblo llamado Israel. Cuando Israel probó ser infiel a las promesas de su convenio con Dios, Dios continuó su plan a través de un "remanente" de personas, pero ellos nuevamente fueron infieles. Entonces el plan de Dios se completó cuando envió a su propio Hijo Jesús, para reunir finalmente a toda la gente que quisiera pertenecer a Dios.

Este pueblo sería "una raza elegida, real sacerdocio, nación santa, pueblo adquirido por Dios."

Esto es la Iglesia.

> "Pero ustedes son linaje escogido, real sacerdocio, nación santa, pueblo que pertenece a Dios, para que proclamen las obras maravillosas de aquel que los llamó de las tinieblas a su luz admirable".
>
> -1 Pedro 2:9 (NVI)

____________________ por Jesús

En Mateo 16:18, Jesús dice, "y sobre esta piedra edificaré mi iglesia, y las puertas del reino de la muerte no prevalecerán contra ella.." Esto indica que la iglesia estaría presente en aquel futuro del que Jesús hablaba. Estaba haciendo una predicción acerca del futuro de la iglesia y su fundamento.

________________ por el Espíritu.

¿Cómo se construye la iglesia? Es la obra del Espíritu Santo, el que bautiza nuevos creyentes para el cuerpo de Cristo.

> "Todos fuimos bautizados por un solo Espíritu para constituir un solo cuerpo -ya seamos judíos o gentiles, esclavos o libres, y a todos se nos dio a beber de un mismo Espíritu".
>
> -1 Corintios 12:13 (NVI)

La Naturaleza de la Iglesia (¿ Qué debe ser?)

La iglesia es una ________________.

La raíz primaria de la palabra que se usa para iglesia en el Nuevo Testamento es *ekklesia,* cuyo significado es "llamado". Se usaba para describir una asamblea de gente (ya sea secular o espiritual), pero la idea era una asamblea o comunidad llamada por Dios. Así que la asamblea no era la clave. La clave era el hecho de que Dios los había juntado.

Ekklesia se refiere tanto a la iglesia ____________ como a la ______.

La iglesia universal se compone de personas de toda tribu, raza, nación, o cultura (sin importar su denominación), que hayan aceptado a Jesucristo como su Señor y Salvador.

En la iglesia universal, el énfasis está en la ______________ de la iglesia.

En la iglesia local, el énfasis está en el ________________ de la iglesia.

La iglesia es una ________________.

Otra palabra griega importante que se relaciona con la iglesia es *koinonia.* Difícil de traducirla, lleva consigo la idea de comunión, compañerismo, compartir y participar. Se usa para describir la vida en la *ekklesia* o iglesia, y significa: compartir en Cristo.

Koinonia es nuestra participación juntos en la vida de Dios a través de Jesucristo.

Koinonia es:

- Más que una relación entre amigos y colegas.
- más que participar en una gran cena.
- más que decir: "yo puedo llevarme contigo porque eres parecido a mí".

La *Koinonía es* posible solamente a través de la obra sobrenatural de Dios.

La *koinonia* se caracteriza por:

- ____________ (1 Juan 1:6-7)
- ______________ (Fil. 2:1-2)
- __________________ (Filemón. 1:17)

- _______________________________ (Hchs 2:44-45)
- _________________________ (2 Cor. 8:4)
- ____________________ (Fil . 3:8-10)
- _____________________________ (1 Cor. 10:16)

Una observación más detallada.

Las ordenanzas de la iglesia.

La palabra "ordenanza" viene de la palabra "ordenado". Se refiere a los eventos que Jesús ordenó específicamente para que fuesen parte de nuestra adoración como iglesia. Las dos ordenanzas que Jesús dió a la Iglesia son: el bautismo y la Cena del Señor.

El Bautismo demuestra ___________ lo que ya se dio ___________ cuando aceptamos a Cristo. A través del bautismo, nuestra participación en su muerte, sepultura y resurrección es graficada, y nos levantamos del agua simbolizando la nueva vida que ahora tenemos en Jesucristo. ¿Por qué es tan importante para ti el ser bautizado como un creyente en Cristo? En primer lugar, y sobre todo ¡porque Jesús lo ordenó! Lo instruyó como un paso obligatorio para seguirle.

En la Gran Comisión, en Mateo 28:19 y 20, Jesús nos dijo: "Vayan y hagan discípulos en todas las naciones, bautizándolos en el nombre del Padre y del Hijo y del Espíritu Santo".

Cuando eres bautizado, estás mostrando al mundo lo que sucedió en tu vida cuando te convertiste en creyente. Mira Romanos 6:4:

> "Por tanto, mediante el bautismo fuimos sepultados con él en su muerte, a fin de que, así como Cristo resucitó por el poder del Padre, también nosotros llevemos una vida nueva".
>
> - Romanos 6:4

La Cena del Señor o Comunión, es también un recordatorio físico de algunas profundas realidades espirituales.

Recordamos que a través de su cuerpo partido y su sangre derramada, se estableció un ______________________ entre Dios y los hombres.

> "y después de dar gracias, lo partió y dijo: "Este pan es mi cuerpo, que por ustedes entrego; hagan esto en memoria de mí." De la misma manera, después de cenar, tomó la copa y dijo: "Esta copa es el nuevo pacto en mi sangre; hagan esto, cada vez que beban de ella, en memoria de mí." Porque cada vez que comen este pan y beben de esta copa, proclaman la muerte del Señor hasta que él venga".
>
> -1 Corintios 11:24-26

Algunas veces, las ordenanzas se llaman "sacramentos," del latín Sacramentum, que era un juramento que hacían los soldados romanos a su emperador. Los cristianos tomaron el término, y con ello querían implicar que estaban ligados totalmente en su lealtad a Jesucristo. En las ordenanzas, la gracia y perdón de Jesús son representados-somos leales a Cristo. Se nos permite la oportunidad de expresar nuestro compromiso y fidelidad a Cristo cuando somos bautizados y cuando comemos juntos la Cena del Señor. Las ordenanzas no nos dan "mas" gracia de Dios. Son una forma de alabar a Dios por la gracia que ya hemos recibido.

La misión de la Iglesia (¿Qué debe hacer la iglesia?)

Los cinco propósitos de la iglesia

Los cinco propósitos de la iglesia nos son dados en dos declaraciones de Jesús: El Gran Mandamiento y la Gran Comisión.

El Gran Mandamiento.

> "Por tanto, vayan y hagan discípulos de todas las naciones, bautizándolos en el nombre del Padre y del Hijo y del Espíritu Santo, enseñándoles a obedecer todo lo que les he mandado a ustedes. Y les aseguro que estaré con ustedes siempre, hasta el fin del mundo"
>
> \- Mateo 28:19-20 (NVI)

La Gran Comisión

> "Por tanto, vayan y hagan discípulos de todas las naciones, bautizándolos en el nombre del Padre y del Hijo y del Espíritu Santo, enseñandoles a obedecer todo lo que les he mandado a ustedes. Y les aseguro que estaré con ustedes siempre, hasta el fin del mundo".
>
> -Mateo 28:19–20 (NVI)

Cinco instrucciones para la Iglesia:

1. "Amar a Dios con todo tu corazón": ____________________
2. "Amar a tu prójimo como a ti mismo" ____________________
3. "Vayan. . hagan discípulos": ____________________
4. "Bautizándolos": ____________________
5. "Enseñándoles a obedecer" ____________________

La Iglesia existe para:

1. Celebrar la ________________ de Dios (adoración)

   Exaltar a nuestro Maestro.

   > "Engrandezcan al SEÑOR conmigo; exaltemos a una su nombre".
   > -Salmo 34:3 (NVI)

   > "Yo me alegro cuando me dicen: "Vamos a la casa del SEÑOR".
   > -Salmo 122:1 (NVI)

2. Comunicar la ________________ de Dios (evangelismo)

   Evangelizar nuestro campo misionero.

   > "Sin embargo, considero que mi vida carece de valor para mí mismo, con tal de que termine mi carrera y lleve a cabo el servicio que me ha encomendado el Señor Jesús, que es el de dar testimonio del evangelio de la gracia de Dios".
   > -Hch 20:24 (NVI)

   "Y serán mis testigos . . ."

   -Hch 1:8 (NVI)

3. Incorporar a la ______________ de Dios (comunión)

   Anima a los miembros.

   > "Por lo tanto, ustedes ya no son extraños ni extranjeros, sino conciudadanos de los santos y miembros de la familia de Dios".
   > - Efesios 2:19 (NVI)

4. Educar al ______________ de Dios (discipulado)

   Educar para la madurez.

   > "a fin de capacitar al pueblo de Dios para la obra de servicio, para edificar el cuerpo de Cristo. ..todos llegaremos a la unidad de la fe y del conocimiento del Hijo de Dios, a una humanidad perfecta que se conforme a la plena estatura de Cristo".
   > - Efesios 4:12-13 (NVI)

5. Demostrar el ____________ de Dios (Ministerio)

   Equipar para el ministerio.

   > "a fin de capacitar al pueblo de Dios para la obra de servicio, para edificar el cuerpo de Cristo".
   > - Efesios 4:12 (NVI)

Declaración de propósito de la iglesia:

"Traer gente a Jesús para que sean parte de su familia, desarrollarlos a la semejanza de Cristo en madurez, y equiparlos para su ministerio en la iglesia y para su misión en el mundo, para dar la gloria al nombre de Dios".

Memoriza la tarjeta 10 "La verdad acerca de la Iglesia"

Preguntas de discusión.

1. ¿Cómo obra la idea de la unidad de la iglesia en tu vida ? Aquí tienes algunos puntos que te ayudarían tratar honestamente el problema.
   - ¿Cómo manejas tu falta de acuerdo total en algún asunto (político, por ejemplo), con otro hermano o hermana creyente?
   - ¿Cómo sobrevives a la tentación de comparar, por ejemplo, cuando piensas:"Quisiera tener ese don" o "Tengo mejores dones que ellos. ¿Por qué son ellos más notorios que yo?"
   - ¿Es siempre nuestra unidad en Cristo más fuerte que los prejuicios con los que hemos crecido? ¿Cómo puede romperse la unidad por esos prejuicios?
2. Mira las siete características de la koinonia o comunión. ¿Cuál de ellas es la más importante para ti?
3. Supón que al llegar a casa recibes cinco mensajes de cinco diferentes personas:
   - De alguien que pide tu opinión acerca de un nuevo proyecto misionero.
   - De un amigo que te pide consejo acerca de cómo ayudar a otros creyentes en un desacuerdo surgido entre ellos.
   - De alguien que pregunta acerca de un versículo bíblico que no comprende o alguna verdad de la Palabra.
   - De otro que viene con una idea de comenzar un nuevo ministerio.
   - De un amigo que tiene algunas preguntas sobre cómo adorar a Dios.

   Siendo todas cuestiones igualmente atendibles: ¿Cuál de estas llamadas responderías primero?

Respuestas a los espacios en blanco.

Visión
establecida
energizada
ekklesia
universal
local
unidad
ministerio
koinonia
luz
unidad
aceptación
compartir los bienes materiales
dar dinero
sufrimiento
La Cena del Señor
físicamente
espiritualmente
Nuevo pacto
adoración
ministerio
evangelismo
comunión
discipulado
presencia
Palabra
familia
pueblo
amor

La Iglesia

2ª parte

Metas Transformadoras

- Obtener una nueva apreciación de lo que la iglesia puede ser en tu vida y en el mundo.
- Dejar de tener una falsa imagen de una iglesia perfecta y comprometerme a la verdadera imagen de una iglesia poderosa, (pero llena de gente débil).

Una breve revisión de la última sesión:

- La iglesia fue prevista por Dios.
- La iglesia fue establecida por Jesús
- La iglesia es energizada o vigorizada por el Espíritu.

La iglesia fue posible gracias a la muerte y resurrección de Jesús.

Nuestro mandato de Dios es vivir la Gran Comisión y el Gran Mandamiento a través de los cinco propósitos: evangelismo, comunión, discipulado, ministerio y adoración.

El Nuevo Testamento menciona sesenta y siete nombres y metáforas para la iglesia, cada una presenta otra dimensión y aspecto de la naturaleza y misión de la iglesia. Nosotros veremos cinco de las más significativas metáforas de la iglesia.

Las Metáforas para la Iglesia

El Cuerpo de Cristo

La iglesia es el cuerpo de Cristo y Jesús es la cabeza del cuerpo.

"Dios sometió todas las cosas al dominio de Cristo, y lo dio como cabeza de todo a la iglesia. Ésta, que es su cuerpo, es la plenitud de aquel que lo llena todo por completo".

- Efesios 1:22-23 (NVI)

Hay dos palabras cruciales en el estudio del cuerpo de Cristo, la iglesia:

1. ____________________ 2. ____________________

Nuestra unidad se construye sobre:

- La ruptura de la pared de ________________ por parte de Jesús.

  "Porque Cristo es nuestra paz: de los dos pueblos ha hecho uno solo, derribando mediante su sacrificio el muro de enemistad que nos separaba,"
  - Efesios 2:14 (NVI)

- Nuestra ________________ en el cuerpo de Cristo.

  "pues anuló la ley con sus mandamientos y requisitos. Esto lo hizo para crear en sí mismo de los dos pueblos una nueva humanidad al hacer la paz,"

  - Efesios 2:15 (NVI)

- Nuestra ______________________ frente a la cruz.

  "para reconciliar con Dios a ambos en un solo cuerpo mediante la cruz, por la que dio muerte a la enemistad".

  - Efesios 2:16 (NVI)

- Nuestra ________ común, ________ común y destino ________ común.

  "Por lo tanto, ustedes ya no son extraños ni extranjeros, sino conciudadanos de los santos y miembros de la familia de Dios,"
  - Efesios 2:19 (NVI)

Perspectiva personal clave.

¿Cómo manejar un desacuerdo o desavenencia con un compañero creyente?

La forma equivocada: ____________

"El chisme separa aún a los mejores amigos".
- Proverbios 16:28 (NLT TRADUCIDA)

La forma correcta: ________________

"Pero si no, lleva contigo a uno o dos más, para que "todo asunto se resuelva mediante el testimonio de dos o tres testigos". Si se niega a hacerles caso a ellos, díselo a la iglesia; y si incluso a la iglesia no le hace caso, trátalo como si fuera un incrédulo o un renegado. "Les aseguro que todo lo que ustedes aten en la tierra quedará atado en el cielo, y todo lo que desaten en la tierra quedará desatado en el cielo. "Además les digo que si dos de ustedes en la tierra se ponen de acuerdo sobre cualquier cosa que pidan, les será concedida por mi Padre que está en el cielo".
- Mateo 18:15-17

"Por lo tanto, si estás presentando tu ofrenda en el altar y allí recuerdas que tu hermano tiene algo contra ti, deja tu ofrenda allí delante del altar. Ve primero y reconcíliate con tu hermano; luego vuelve y presenta tu ofrenda".
- Mateo 5:23-24

Nuestra diversidad:

"Ahora bien, el cuerpo no consta de un solo miembro sino de muchos. Si el pie dijera: "Como no soy mano, no soy del cuerpo", no por eso dejaría de ser parte del cuerpo. Y si la oreja dijera: "Como no soy ojo, no soy del cuerpo", no por eso dejaría de ser parte del cuerpo".
- 1 Corintios 12:14-17 (NVI)

"Pues así como cada uno de nosotros tiene un solo cuerpo con muchos miembros, y no todos estos miembros desempeñan la misma función,"
- Romanos 12:4-5 (NVI)

El rebaño de Dios.

"Tengo otras ovejas que no son de este redil, y también a ellas debo traerlas. Así ellas escucharán mi voz, y habrá un solo rebaño y un solo pastor".

- Juan 10:16 (NVI)

1. Nosotros somos las ovejas.

   Esta imagen enfatiza que los miembros de la iglesia son como las ovejas de Cristo y ______________________.

   "pero ustedes no creen porque no son de mi rebaño. Mis ovejas oyen mi voz; yo las conozco y ellas me siguen. Yo les doy vida eterna, y nunca perecerán, ni nadie podrá arrebatármelas de la mano. Mi Padre, que me las ha dado, es más grande que todos; y de la mano del Padre nadie las puede arrebatar".

   - Juan 10:26-29 (NVI)

2. Jesús es el pastor.

   La metáfora de Jesús como nuestro pastor, nos muestra su amor y cuidado por nosotros.

   "Yo soy el buen pastor. El buen pastor da su *vida por las ovejas. Yo soy el buen pastor; conozco a mis ovejas, y ellas me conocen a mí, así como el Padre me conoce a mí y yo lo conozco a él, y doy mi vida por las ovejas. Tengo otras ovejas que no son de este redil, y también a ellas debo traerlas. Así ellas escucharán mi voz, y habrá un solo rebaño y un solo pastor".

   - Juan 10:11, 14-16 (NVI)

La familia (hogar) de Dios.

1. Dios nos adopta en su familia.

   En el mundo físico, las personas son parte de una familia automáticamente cuando nacen. Dios, sabiamente, hizo la misma provisión para los niños espirituales. Al momento de la salvación, el Espíritu de Dios nos incluye en la familia de Dios y Él se convierte automáticamente en nuestro Padre. Dios nos adopta en su familia por su Espíritu.

   "Todos fuimos bautizados por un solo Espíritu para constituir un solo cuerpo -ya seamos judíos o gentiles, esclavos o libres-, y a todos se nos dio a beber de un mismo Espíritu".

   - 1 Corintios 12:13 (NVI)

   "Y ustedes no recibieron un espíritu que de nuevo los esclavice al miedo, sino el Espíritu que los adopta como hijos y les permite clamar: "¡Abba! ¡Padre!"".

   - Romanos 8:15 (NVI)

2. Debemos tratarnos como una familia.

"No reprendas con dureza al anciano, sino aconséjalo como si fuera tu padre. Trata a los jóvenes como a hermanos; a las ancianas, como a madres; a las jóvenes, como a hermanas, con toda pureza".

- 1 Timoteo 5:1-2 (NVI)

La construcción de Dios.

"Tú mismo eres una construcción de Dios" (1 Cor. 3:9) .

En contraste con el Antiguo Testamento, época en la cual el pueblo de Israel _____ un templo (Ex. 25:8), la iglesia ___ un templo: un templo vivo y vital.

"Por lo tanto, ustedes ya no son extraños ni extranjeros, sino conciudadanos de los santos y miembros de la familia de Dios, edificados sobre el fundamento de los apóstoles y los profetas, siendo Cristo Jesús mismo la piedra angular. En él todo el edificio, bien armado, se va levantando para llegar a ser un templo santo en el Señor. En él también ustedes son edificados juntamente para ser morada de Dios por su Espíritu".

- Efesios 2:19-22 (NVI)

En esta metáfora Dios está representado como ________________.

La piedra angular se colocaba siempre en la unión de dos paredes, para fijarlas. En los arcos, se colocaba una piedra entre los lados de soporte. El peso del arco caía sobre esa piedra, y si la piedra era removida, el arco podría colapsar.

Los creyentes como individuos son representados como ______________________.

En la construcción de la Iglesia como un templo, cada piedra es una piedra viva, porque comparte una naturaleza divina y el edificio, como un todo es el lugar donde Dios habitará a través de su Espíritu.

"Cristo es la piedra viva, rechazada por los seres humanos pero escogida y preciosa ante Dios. Al acercarse a él, también ustedes son como piedras vivas, con las cuales se está edificando una casa espiritual. De este modo llegan a ser un sacerdocio santo, para ofrecer sacrificios espirituales que Dios acepta por medio de Jesucristo".

- 1 Pedro 2:4-5 (NVI)

Perspectiva personal clave.

¿Qué tan bueno eres para aceptar a creyentes de otras denominaciones e iglesias como "verdaderos" creyentes? ¿Quizá has estado tratando cargar con todo el peso de la vida cristiana sobre tus hombros? ¿Tal vez necesitas ver la importancia de tu lugar en el edificio de Dios? ¿Necesitas reconocer tu necesidad de depender de otros en el cuerpo de Cristo?

La novia de Cristo.

Esta es una de las metáforas referentes a la iglesia que se usa en un sentido profético.

- Israel, era a menudo retratado en el Antiguo Testamento como la ________ o __________ de Dios.

"Y te haré mi novia prometida para siempre. Seré bueno y justo, Te mostraré mi amor y misericordia. Seré para ti, en realidad como de mi novia prometida, y entonces conocerás al SEÑOR".

- Oseas 2:19-20 (NCV TRADUCIDO)

- Sin embargo, Israel fue repetidamente __________ a sus votos de amor a Dios.

"Durante el reinado del rey Josías el SEÑOR me dijo: "¿Has visto lo que ha hecho Israel, la infiel? Se fue a todo monte alto, y allí, bajo todo árbol frondoso, se prostituyó. Yo pensaba que después de hacer todo esto ella volvería a mí. Pero no lo hizo. Esto lo vio su hermana, la infiel Judá,"

- Jeremías 3:6-7 (NVI)

- A pesar de la infidelidad de Israel, la Iglesia está retratada como la _____ ____________que espera la venida de su novio.

"El celo que siento por ustedes proviene de Dios, pues los tengo prometidos a un solo esposo, que es Cristo, para presentárselos como una virgen pura".

- 2 Corintios 11:2 (NVI)

En Efesios 5:22-33, la analogía conduce a comparar la relación marido-mujer en el matrimonio, con la de Cristo y su novia, la iglesia. La ilustración es poderosa porque revela la magnitud del amor de Cristo por su iglesia. La amó tanto como para morir por ella. Además, revela la respuesta obediente de su iglesia de recibir como esposo a Jesucristo.

"Esposos, amen a sus esposas, así como Cristo amó a la iglesia y se entregó por ella para hacerla santa. Él la purificó, lavándola con agua mediante la palabra,"

- Efesios 5:25-26 (NVI)

- La relación de la novia con el novio refleja dos características de la naturaleza de la iglesia:

¿Qué espera Dios que aprendamos de la iglesia en esta figura?

1. La iglesia vive con un sentido de urgencia para estar siempre _________________ para la llegada del novio.

"El reino de los cielos será entonces como diez jóvenes solteras que tomaron sus lámparas y salieron a recibir al novio. Cinco de ellas eran insensatas y cinco prudentes. Las insensatas llevaron sus lámparas, pero no se abastecieron de aceite. En cambio, las prudentes llevaron vasijas de aceite junto con sus lámparas. Y como el novio tardaba en llegar, a todas les dio sueño y se durmieron. A medianoche se oyó un grito: "¡Ahí viene el novio! ¡Salgan a recibirlo!" Entonces todas las jóvenes se despertaron y se pusieron a preparar sus lámparas. Las insensatas dijeron a las prudentes: "Dennos un poco de su aceite porque nuestras lámparas se están apagando." "No -respondieron éstas-, porque así no va a alcanzar ni para nosotras ni para ustedes. Es mejor que vayan a los que venden aceite, y compren para ustedes mismas." Pero mientras iban a comprar el aceite llegó el novio, y las jóvenes que estaban preparadas entraron con él al banquete de bodas. Y se cerró la puerta. Después llegaron también las otras. "¡Señor! ¡Señor! -suplicaban-. ¡Ábrenos la puerta!" "¡No, no las conozco!", respondió él. "Por tanto -agregó Jesús-, manténganse despiertos porque no saben ni el día ni la hora".

- Mateo 25:1-13 (NVI)

2. La iglesia es para ____________________ a tener una nueva relación con el novio.

   Cuando Jesús venga, habrá un gran banquete para celebrar el amor de Cristo por su iglesia. Dios desea que la mayoría de nosotros esté en esa fiesta. Mira los versículos:

   "Luego dijo a sus siervos: "El banquete de bodas está preparado, pero los que invité no merecían venir. Vayan al cruce de los caminos e inviten al banquete a todos los que encuentren".

   - Mateo 22:8-9 (NVI)

   "El ángel me dijo: Escribe: ¡Dichosos los que han sido convidados a la cena de las bodas del Cordero!"

   - Apocalipsis 19:9 (NVI)

   "El Espíritu y la novia dicen: "¡Ven!"; y el que escuche diga: "¡Ven!" El que tenga sed, venga; y el que quiera, tome gratuitamente del agua de la vida".

   - Apocalipsis 22:17 (NVI)

Perspectiva personal clave.

El ser la novia de Cristo es como un romance espiritual. ¿Es esto una realidad en tu vida? ¿O es acaso esta idea demasiado sentimental? ¿Hay sumisión en tu corazón hacia Jesús? ¿Estás listo para encontrarte con Él? ¿Hay tal vez algunas prioridades que necesites arreglar para poder concentrarte en amarle?

Una palabra final.

¿Es acaso la iglesia una institución inútil y aburrida? No tiene que serlo. Dios ha hecho la provisión necesaria para que las iglesias locales sean vibrantes y transformadoras; grupos de creyentes que viven vidas auténticas e interdependientes, de ministerio y misión, construyendo puentes para que la gente perdida pueda hallar a Dios. El demonio no puede detenernos; pero sí puede hacerlo la cultura dominante que nos rodea. Somos los únicos que pueden hacer que la iglesia pierda su importancia al dejar de actuar: como el cuerpo de Cristo, el rebaño de Dios, la familia de Dios, el edificio de Dios y la novia de Cristo.

> "edificaré mi iglesia, y las puertas del reino de la muerte no prevalecerán contra ella".
>
> \- Mateo 16:18 (NVI)

Termina memorizando la tarjeta 10,
"La verdad acerca de la Iglesia".

Preguntas de discusión.

En nuestra discusión de grupo, veremos las preguntas que hemos hecho acerca de cómo las figuras de la iglesia, nos ofrecen un reto personal.

1. *La iglesia es el cuerpo de Cristo:* cada parte del cuerpo es importante. (¿Qué parte te gustaría abandonar?) ¿Te sientes como una parte importante del cuerpo de Cristo?
2. *La iglesia es el rebaño de Dios:* ¿Qué cosas podemos hacer para asegurarnos que Jesús es el pastor que nos guía, y no nosotros mismos?
3. *La iglesia es la familia de Dios:* ¿cómo te ayuda esto a figurarte cuáles son tus responsabilidades hacia otros creyentes?
4. *La Iglesia es el edificio de Dios:* ¿Qué tan bien aceptas a otros creyentes de otras denominaciones e iglesias como cristianos "reales"? ¿Has estado tratando de llevar todo el peso de la vida cristiana sobre tus hombros? ¿Necesitas ver la importancia de tu lugar en el edificio de Dios? ¿Necesitas reconocer tu necesidad de depender de otros en el cuerpo de Cristo?
5. *La iglesia es la novia de Cristo:* ser la novia de Cristo es una relación espiritual de amor. ¿Es esto una realidad en tu vida? ¿O acaso la sola idea es demasiado sentimental? ¿Existe sumisión en tu corazón hacia Jesús como tu novio? ¿Está tu vida lista para encontrarlo? ¿Hay algunas prioridades que necesitas reorganizar para concentrarte más en amarlo a Él?

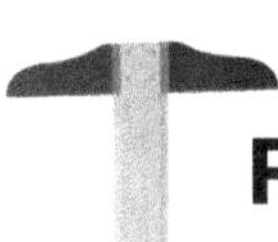

Para estudios posteriores:

Getz, Gene. *Afinando nuestro enfoque de la Iglesia*: Moody Press, 1974.

MacArthur, John, Jr. *Body Dynamics.* Wheaton, Ill.: Victor, 1983.

Moore, John, and Ken Neff. *Una huella digital para la Iglesia en el Nuevo Testamento.* Chicago: Moody Press, 1985.

Radmacher, Earl D. *La Naturaleza de la Iglesia,* Portland, Ore.: Western Baptist Press, 1972.

Warren, Rick. *Una Iglesia con Propósito.* Grand Rapids, Mich.: Zondervan, 1995.

Respuestas a los espacios en blanco

unidad
diversidad
separación
singularidad
posición igual
ciudadanía
familia
futuro
chisme
confrontarlo
le pertenecen
tenía
es
piedra angular
piedras vivas
esposa, novia
infiel
novia virgen
preparada
invitar a otros

La Segunda Venida.

1ª parte

Metas Transformadoras.

Que veas la segunda venida, no como una fuente de confusión o temor, sino como una fuente de esperanza.

¿Qué sientes acerca de la realidad de la Segunda Venida de Cristo?

¿Apatía? ¿Anticipación? ¿Ansiedad?

Cualquier estudio del tema de la Segunda Venida debe hacerse con ciertos niveles de "advertencia" incluidos.

Advertencia: **No pierdas tu ________________ personal en medio de la confusión de la ______________ histórica y teológica.**

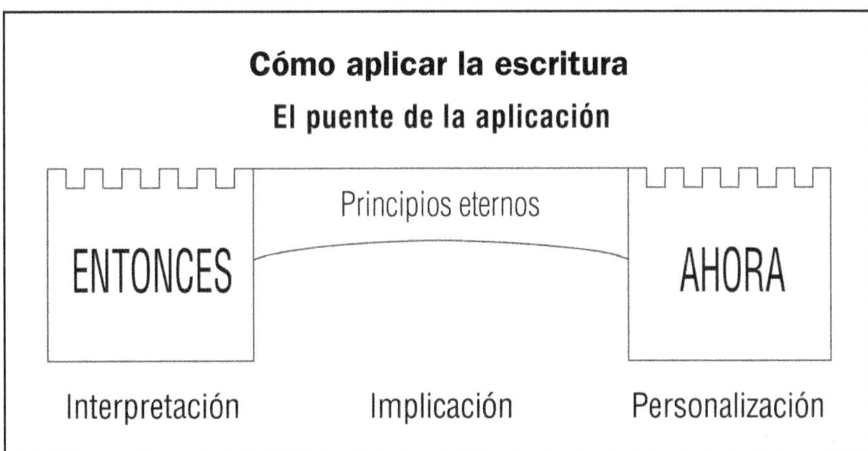

1. ¿Qué quería decir un pasaje de la Biblia a sus destinatarios originales?

   Muchas de las profecías acerca de la Segunda Venida son literatura apocalíptica (del griego Apocalypse, "develar, revelar), un tipo de escritura diseñada para aclarar la verdad a un grupo, mientras se la esconde de otros.

2. ¿Cuál es ese principio atemporal?

   En una sola palabra: la ________________

   Las Escrituras que tratan de la Segunda Venida de Jesús no hablan sólo de una esperanza para los creyentes de ese tiempo, sino también para nosotros. Es obvio, mientras leemos el texto, que estamos viendo muchas de las profecías que aún deben cumplirse.

3. ¿Dónde o cómo puedo practicar este principio?

   Por mucho que hablemos acerca del tiempo y los eventos de la Segunda Venida, la Biblia enfatiza la necesidad de aplicar esta verdad en nuestras vidas. Es un pecado estudiar la Segunda Venida buscando señales en el tiempo. El mensaje de esperanza debe hacer un impacto en la manera en que vivimos.

Recuerda:

Es un mensaje para obedecer, no sólo para escuchar (Stgo 1:22).

El saber lo correcto y no hacerlo, también es un pecado ¡recuérdalo! (Santiago 4:17).

Demasiados creyentes están fascinados con el futuro, pero no aplican nada hoy.

***Advertencia:* No pierdas el __________ por los ___________.**

> "Una vez en el museo Louvre de París, me puse de pie a solo unas pulgadas de distancia de una pintura impresionista de Renoir. "¿Qué es esto?" me pregunté en voz alta. Mi esposa entonces respondió, "Retrocede Bill, solo entonces lo verás." Estaba tan cerca de la obra maestra que cada detalle individual, cada mancha de aceite, cada pincelada impedían que viera el todo. Estaba absorto en los detalles. Pero cuando retrocedí, ese rompe cabezas misterioso desapareció y una hermosísima visión del artista tomó su lugar en mi cerebro.
>
> Por tanto tiempo, muchos de nosotros nos hemos parado demasiado cerca al Apocalipsis de Juan. Hemos hecho de esta obra maestra una serie de pinceladas y manchones. Hemos estado intentando hallarle el significado moderno a cada estrella, dragón, número y demás detalles, en lugar de poner nuestra atención en el diseño original de la visión del profeta y así perdemos lo urgente de sus advertencias".[1]
>
> -Billy Graham

***Advertencia:* Cuidado con la "polarización" al enseñar la Segunda Venida.**

Tratándose de enseñar acerca de la Segunda Venida, es bueno pasar tiempo en el "Ecuador", para no ser arrastrado por la fuerza magnética de "las regiones polares". En otras palabras, miremos la verdad total antes de ser arrastrados a un lado por algunos enfoques de la misma.

Durante las dos siguientes sesiones observaremos:

- Las señales del regreso de Jesús
- El tiempo de la Segunda Venida
- El "reparto de roles", involucrado en el regreso de Jesús.
- Los eventos que rodean el regreso de Jesús
- El significado de todo esto en mi vida diaria

Una observación detallada.

¿Es la Segunda Venida de Cristo una perspectiva importante que Dios quiere que tengamos?

Solo recuerda . . .

Uno de cada 30 versículos en la Biblia menciona el tema del fin de los tiempos o del regreso de Cristo.

Hay 216 capítulos en el Nuevo Testamento. Hay unas 300 referencias al regreso de Cristo en esos capítulos del Nuevo Testamento.

Sólo 4 de los 27 libros del Nuevo testamento omiten referencias al regreso de Cristo.[4]

-Chuck Swindoll

Señales del regreso de Jesús.

Tres tipos de señales:

1. Señales que apuntan al fin (comienzo de los dolores de parto)
2. Señales que preceden a los eventos antes del fin.
3. Señales que acompañan a los eventos al final de los tiempos

Señales que apuntan al fin.

Hay algunas cosas que Jesús dijo que sucederían antes de su Segunda Venida. Él llamó a esto "comienzo de los dolores de parto". Estas son señales, pero no son señales del fin propiamente dicho. Son señales que ya, durante 2.000 años, han venido demostrando que este mundo no es el plan final de Dios. Son señales que podemos ver, señales de deterioro, de daño, etc. Durante miles de años hemos observado esto y podemos decir: "¡Este mundo no es tan estable como parece, Jesús puede venir en cualquier momento!"

"Tengan cuidado de que nadie los engañe -comenzó Jesús a advertirles- Vendrán muchos que, usando mi nombre, dirán: "Yo soy", y engañarán a muchos. Cuando sepan de guerras y de rumores de guerras, no se alarmen. Es necesario que eso suceda, pero no será todavía el fin. Se levantará nación contra nación, y reino contra reino. Habrá terremotos por todas partes; también habrá hambre. Esto será apenas el comienzo de los dolores".

-Marcos 13:5-89 (NVI)

- ______________________ (con falsas señales y milagros)
- Guerras.
- Terremotos.
- Hambruna.

Estas señales que apuntan al final, se incrementarán cuando llegue el fin. Habrán guerras que nos llevarán a una gran guerra final. Habrán falsos cristos con falsas señales que nos llevarán a un Anticristo final, con grandes señales falsas que engañarán a muchos (2 Tes. 2:9; Ap.19:20). Habrá hambrunas en varios lugares, que nos llevarán a una hambruna general al final (Ap. 6:5-6).

Hay indicaciones para los sabios que ven a través de la historia. Y también hay señales que nadie puede pasar por alto al llegar el fin de los tiempos. Esta es la diferencia entre escuchar un chasquido en el capó de tu auto y ¡que todo el motor se caiga en pedazos!

Advertencia de Jesús acerca de estas señales: ¡________________!

Señales que preceden al final.

- ________________

La Apostasía es una palabra de la que debes saber. Se refiere a aquellos que parecen tener fe y luego se dan vuelta en completa negación de su fe. Nota que hay un par de diferentes tipos de apostasía en estos versículos de Mateo y 2ª Timoteo.

"En aquel tiempo muchos se apartarán de la fe; unos a otros se traicionarán y se odiarán;"

- Mateo 24:10 (NVI)

"Porque llegará el tiempo en que no van a tolerar la sana doctrina, sino que, llevados de sus propios deseos, se rodearán de maestros que les digan las novelerías que quieren oír".

- 2 Timoteo 4:3 (NVI)

- ________________ de la maldad personal.

"Ahora bien, ten en cuenta que en los últimos días vendrán tiempos difíciles. La gente estará llena de egoísmo y avaricia; serán jactanciosos, arrogantes, *blasfemos, desobedientes a los padres, ingratos, impíos, insensibles, implacables, calumniadores, libertinos, despiadados, enemigos de todo lo bueno, traicioneros, impetuosos, vanidosos y más amigos del placer que de Dios. Aparentarán ser piadosos, pero su conducta desmentirá el poder de la piedad. ¡Con esa gente ni te metas!" .

- 2 Timoteo 3:1-5 (NVI)

"El hermano entregará a la muerte al hermano, y el padre al hijo. Los hijos se rebelarán contra sus padres y les darán muerte".

- Marcos 13:12 (NVI)

- Vendrá ________________

"Ante todo, deben saber que en los últimos días vendrá gente burlona que, siguiendo sus malos deseos, se mofará".

- 2 Pedro 3:3 (NVI)

- Muchos falsos profetas

"y surgirá un gran número de falsos profetas que engañarán a muchos".

- Mateo 24:11 (NVI)

Señales que acompañan el final.

El final es como "el motor que se cae". Para ese entonces, todos sabremos que el final ya llegó. Habrá algunas señales dramáticas.

- Señales en el sol, la luna y las estrellas

"Habrá señales en el sol, la luna y las estrellas. En la tierra, las naciones estarán angustiadas y perplejas por el bramido y la agitación del mar".

- Lucas 21:25 (NVI)

"Inmediatamente después de la tribulación de aquellos días, se oscurecerá el sol y no brillará más la luna; las estrellas caerán del cielo y los cuerpos celestes serán sacudidos".

- Mateo 24:29 (NVI)

Cuando las estrellas se caigan del cielo, esta será un buen indicativo de que ¡algo está fuera de su lugar!"

- Bramido y agitación del mar, las potencias de los cielos serán conmovidas.

"Habrá señales en el sol, la luna y las estrellas. En la tierra, las naciones estarán angustiadas y perplejas por el bramido y la agitación del mar".

- Lucas 21:25 (NVI)

"Se desmayarán de terror los hombres, temerosos por lo que va a sucederle al mundo, porque los cuerpos celestes serán sacudidos. Entonces verán al Hijo del hombre venir en una nube con poder y gran gloria".

- Lucas 21:26-27 (NVI)

- Gran tribulación (sin paralelo)

"Porque habrá una gran tribulación, como no la ha habido desde el principio del mundo hasta ahora, ni la habrá jamás".

- Mateo 24:21 (NVI)

Una observación más cercana.

Las descripciones más detalladas del final de los tiempos, se encuentran en el libro de Apocalipsis.

Los sietes sellos (Conflicto final)	**Las siete trompetas (Destrucción final)**	**Las siete copas (La ira de Dios termina)**
1. Caballo blanco Conquista	1. Tierra	1. Dolores
2. Caballo rojo: Guerra	2. Mar	2. "El mar "se hace sangre
3. Caballo negro: hambruna	3. Ríos	3. Los ríos se hacen sangre
4. Caballo bermejo: muerte	4. Luces (3 lamentos)	4. Fuego del sol
5. Mártires	5. Demonios (langostas) a la oscuridad	5. El reino de la bestia
6. Terremotos	6. Ángeles y terremotos (1 de cada tres hombres)	6. Se seca el río Eúfrates (Armagedón)
7. El séptimo sello se refiere a las 7 trormpetas	7. La séptima trompeta son las siete copas	7. El terremoto (¡Está hecho!)

> "No pienses que el lenguaje vívido que usa Juan es una barrera para comprender; es más bien la forma colorida en la que Juan pintó el cuadro del plan de Dios para el futuro en colores increíblemente vivos". [3]
>
> -Billy Graham

En estudios anteriores vimos lo que sucede cuando la gente muere. La Biblia además, nos explica exactamente la forma en que este mundo terminará. Y que está encaminado a un final inevitable.

> "Pero el día del Señor vendrá como un ladrón. En aquel día los cielos desaparecerán con un estruendo espantoso, los elementos serán destruidos por el fuego, y la tierra, con todo lo que hay en ella, será quemada. y esperando ansiosamente la venida del día de Dios? Ese día los cielos serán destruidos por el fuego, y los elementos se derretirán con el calor de las llamas".
>
> - 2 Pedro 3:10, 12 (NVI)

¡Pero ese no es el final de la historia!

> "Después vi un cielo nuevo y una tierra nueva, porque el primer cielo y la primera tierra habían dejado de existir, lo mismo que el mar".
>
> -Apocalipsis 21:1 (NVI)

El tiempo de la Segunda Venida.

Descripciones de Jesús.

- Como __________ (Mateo. 25:1-13)
- Como la destrucción de Sodoma

"Lo mismo sucedió en tiempos de Lot: comían y bebían, compraban y vendían, sembraban y edificaban. Pero el día en que Lot salió de Sodoma, llovió del cielo fuego y azufre y acabó con todos. Así será el día en que se manifieste el Hijo del hombre".

- Lucas 17:28-30 (NVI)

- Como ____________________________

"Tal como sucedió en tiempos de Noé, así también será cuando venga el Hijo del hombre. Comían, bebían, y se casaban y daban en casamiento, hasta el día en que Noé entró en el arca; entonces llegó el diluvio y los destruyó a todos".

- Lucas 17:26-27 (NVI)

- Como __________ en la ____________

"Por lo tanto, manténganse despiertos, porque no saben qué día vendrá su Señor. Pero entiendan esto: Si un dueño de casa supiera a qué hora de la noche va a llegar el ladrón, se mantendría despierto para no dejarlo forzar la entrada. Por eso, también ustedes deben estar preparados, porque el Hijo del hombre vendrá cuando menos lo esperen".

- Mateo 24:42-44 (NVI)

Verdades acerca del tiempo.

- El tiempo de regreso de Jesús es ____________________.

"¡Miren que vengo pronto! *Dichoso el que cumple las palabras del mensaje profético de este libro."

- Apocalipsis 22:7 (NVI)

- El momento del regreso de Jesús sólo lo conoce Dios.

"Pero en cuanto al día y la hora, nadie lo sabe, ni siquiera los ángeles en el cielo, ni el Hijo, sino sólo el Padre".

- Mateo 24:36 (NVI)

"Entonces los que estaban reunidos con él le preguntaron: -Señor, ¿es ahora cuando vas a restablecer el reino a Israel? No les toca a ustedes conocer la hora ni el momento determinados por la autoridad misma del Padre -les contestó Jesús"

- Hechos 1:6-7 (NVI)

- El momento del regreso de Jesús es ______________________.

"porque ya saben que el día del Señor llegará como ladrón en la noche".

- 1 Tesalonicenses 5:2 (NVI)

"Ellos también le contestarán: -Señor, ¿cuándo te vimos hambriento o sediento, o como forastero, o necesitado de ropa, o enfermo, o en la cárcel, y no te ayudamos?"

- Mateo 24:44 (NVI)

Gente de los últimos tiempos

1. El hombre de maldad/La Bestia/El Anticristo.

"No se dejen engañar de ninguna manera, porque primero tiene que llegar la rebelión contra Dios y manifestarse el hombre de maldad, el destructor por naturaleza".

- 2 Tesalonicenses 2:3 (NVI)

Hollywood está fascinado por este "último villano". Pero en sus interpretaciones, a menudo se ignoran estas simples verdades que Pablo nos muestra en 2ª Tesalonicenses:

"Se opondrá y se auto exaltará sobre todo lo que se relacione con Dios o su adoración se podrá sobre el templo de Dios para proclamarse a sí mismo como Dios.... Éste se opone y se levanta contra todo lo que lleva el nombre de Dios o es objeto de adoración, hasta el punto de adueñarse del templo de Dios y pretender ser Dios...El malvado vendrá, por obra de Satanás, con toda clase de milagros, señales y prodigios falsos. Con toda perversidad engañará a los que se pierden por haberse negado a amar la verdad y así ser salvos".

- 2 Tesalonicenses 2:4, 9-10 (NVI)

Una observación detallada.

Este es el anticristo final, entre muchos que ha habido; el final de un largo tiempo que comenzó después de la primera venida de Cristo. La bestia es el anticristo final y el peor, pero no es el único.

"Vendrán muchos que, usando mi nombre, dirán: "Yo soy el Cristo", y engañarán a muchos".

- Mateo 24:5

"Queridos hijos, ésta es la hora final, y así como ustedes oyeron que el anticristo vendría, muchos son los anticristos que han surgido ya. Por eso nos damos cuenta de que ésta es la hora final. Aunque salieron de entre nosotros, en realidad no eran de los nuestros; si lo hubieran sido, se habrían quedado con nosotros. Su salida sirvió para comprobar que ninguno de ellos era de los nuestros. Todos ustedes, en cambio, han recibido unción del Santo, de manera que conocen la verdad. No les escribo porque ignoren la verdad, sino porque la conocen y porque ninguna mentira procede de la verdad. ¿Quién es el mentiroso sino el que niega que Jesús es el Cristo? Es el anticristo, el que niega al Padre y al Hijo".

-1 Juan 2:18, 22

Hay algunas figuras bíblicas ligadas al Anticristo. ¡Estas figuras son objeto de miles de especulaciones proféticas!

- La mujer/Babilonia- cabalgando en la bestia.
- 7 cabezas.
- 7 lomas en las que se sienta la mujer.
- 7 reyes-5 han caído, el otro está vigente y el otro por venir.

- En Apocalipsis17, la Bestia se identifica como "el octavo rey".
- 666-el número de la Bestia.
- Los 10 cuernos = 10 reyes que servirán con la bestia.

Una observación detallada.

Apocalipsis es un ejemplo muy bueno de la doble aplicación de la profecía, tanto para aquellas personas de la época en la que se escribió, como para los santos de tiempos posteriores. Si no puedes abstraer la fe que el libro de Apocalipsis debió haber inyectado a los creyentes del primer siglo, entonces estás perdiéndote el punto central del libro. Si no logras ver la esperanza que este libro ha dado a los cristianos de todas las naciones durante los últimos 2,000 años, estás perdiéndote el punto central del libro. Si no puedes ver la esperanza que el Apocalipsis le da a aquellos que vivirán o vivimos durante el fin de los tiempos, también has perdido el eje central de este texto.

La primera venida de Cristo tuvo muchos ejemplos de esta doble aplicación de la profecía. Las profecías que se cumplieron solo parcialmente en el Antiguo Testamento, hallan su cumplimiento total en la vida de Jesucristo.

El libro del Apocalipsis, apunta evidentemente al Imperio Romano y a su emperador del momento como las figuras de la bestia. Pero tan evidente como se ve este cumplimiento, es sólo parcial. El final de la profecía se completará con la Bestia real. ¿Es malo especular acerca de lo que estas figuras pueden significar? No, siempre y cuando nunca confundas una especulación de la Palabra de Dios, con la perfecta verdad. Durante la Segunda Guerra Mundial, muchos creyentes estaban absolutamente seguros de que Hitler era el Anticristo. Pero resultó que estaban equivocados. Debemos ser lo suficientemente humildes para reconocer que podemos estar equivocados acerca de muchas de las especulaciones que hacemos hoy.

2. Una segunda bestia/el ______________________

   Para promover su programa más eficientemente, el Anticristo tendrá un importante asistente. Se llama la "segunda bestia" (Ap. 13:11-18), cuya única función es propiciar la adoración de la primera Bestia, el Hombre de pecado.

3. Los dos ____________________

   Apocalipsis habla también de dos testigos que profetizarán y simbolizarán el juicio de Dios, muy parecido al Antiguo Testamento y sus profetas. La Bestia los asesinará en Jerusalén, pero serán resucitados por Dios y recibidos en el cielo, mientras sus enemigos los observan.

4. Los 144,000

   12,000 santos sellados de cada una de las tribus de Israel (Ap.7:4-8)

   Creyentes justos en medio de la tribulación de los últimos días (Ap. 14:1, 5)

Algunos piensan que son dos grupos diferentes de 144,000. Otros, que son los mismos. Pero lo importante es el número. El número 12 es importante en la Biblia como una figura del plan de Dios. Tuvo 12 tribus en Israel, como testimonio para el mundo. Jesús escogió a 12 apóstoles para llevar su mensaje al mundo; 12,000 de cada una de las tribus representan el abrumador cumplimiento del plan de Dios.

(Estas son personas de grupos específicos. En la siguiente sesión veremos de una forma más comprensiva lo que pasará con esos creyentes, los judíos y los no creyentes.)

No lo olvides. Todos estos personajes tienen pequeños papeles comparados con el del personaje principal de este drama. No podemos olvidar que debemos dar el estelar a nuestro Señor Jesucristo.

- Jesús ______________ a la bestia y a su asistente.

  "Entonces se manifestará aquel malvado, a quien el Señor Jesús derrocará con el soplo de su boca y destruirá con el esplendor de su venida".

  - 2 Tesalonicenses 2:8 (NVI)

- Jesús ______________ a los dos testigos.

  "Entonces los dos testigos oyeron una potente voz del cielo que les decía: "Suban acá." Y subieron al cielo en una nube, a la vista de sus enemigos".

  -Apocalipsis 11:12 (NVI)

- Jesús guiará a los 144,000 a la ______________.

  "Éstos se mantuvieron puros, sin contaminarse con ritos sexuales. Son los que siguen al Cordero por dondequiera que va. Fueron rescatados como los primeros frutos de la humanidad para Dios y el Cordero"

  - Apocalipsis 14:4 (NVI)

- Jesús regresará en absoluta ____________.

  "El Señor mismo descenderá del cielo con voz de mando, con voz de arcángel y con trompeta de Dios, y los muertos en Cristo resucitarán primero".

  - 1 Tesalonicenses 4:16 (NVI)

  "Miren, el Señor viene con millares y millares de sus ángeles para someter a juicio a todos..."

  - Judas 1:14-15 (NVI)

  "¡Miren que viene en las nubes! Y todos lo verán con sus propios ojos, incluso quienes lo traspasaron; y por él harán lamentación todos los pueblos de la tierra. ¡Así será! Amén".

  - Apocalipsis 1:7 (NVI)

"mientras aguardamos la bendita esperanza, es decir, la gloriosa venida de nuestro gran Dios y Salvador Jesucristo".

- Tito 2:13 (NVI)

Comienza a trabajar en la tarjeta de memorización 11, "La verdad acerca de la Segunda Venida." Aunque no hayas memorizado ninguna de las anteriores, memoriza esta. Si has memorizado cada tarjeta hasta ahora, habrás hecho un compromiso que cambiará tu vida.

Preguntas de discusión.

1. ¿Cómo ha afectado, el hecho de que Jesús puede venir en cualquier momento, la manera en que enfrentaste una situación el día de hoy, o cómo puede afectar la forma en que enfrentes alguna situación mañana?
2. ¿Acaso el conocimiento de que este mundo no durará para siempre, puede cambiar alguna actitud tuya hacia alguna cosa específica del mundo material, o hacia los gobiernos humanos o hacia alguna institución o problema que estés enfrentando?
3. ¿Hay acaso algo bueno en saber que las cosas sólo empeorarán en lugar de mejorar?
4. Para darnos esperanza, Dios nos ha dicho algunas de las verdades acerca de la Segunda Venida de Jesús y el fin del mundo. Muchos cristianos, sin embargo, sienten temor cuando estudian la Segunda Venida. ¿Por qué piensas que sentimos temor? ¿Cómo podemos pasar del temor a la esperanza? ¿Por qué piensas que los creyentes que sufren persecución han hallado siempre una increíble fuente de esperanza en la verdad de la Segunda Venida de Jesús?

Respuestas a los espacios en blanco

responsabilidad
curiosidad
esperanza
deleite
detalles
falsos cristos
no te dejes engañar
apostasía
incremento
gente burlona
novio
La destrucción de Sodoma
El diluvio de Noé
ladrón
noche
pronto
inesperado
Falso Profeta
testigos
destruirá
redimirá
victoria
gloria

La Segunda Venida.

2ª parte

Metas Transformadoras.

Decidir vivir anticipadamente la Segunda Venida de Jesús de una manera significativa durante la próxima semana.

Para repasar rápidamente: en la última sesión nos enfocamos en las señales del regreso de Jesús, las descripciones de su regreso y algunos de los personajes involucrados en el final de los tiempos:

Tres tipos de señales:

1. Señales que apuntan al fin (el comienzo de los dolores)
2. Señales que preceden inmediatamente a los eventos del final.
3. Señales que acompañan a los eventos finales.

Descripciones de Jesús del tiempo de la Segunda Venida:

- Como un novio.
- Como la destrucción de Sodoma.
- Como en tiempos del diluvio de Noé.
- Como ladrón en la noche.

Gente del fin de los tiempos:

- El hombre de maldad/la bestia/el Anticristo.
- La segunda bestia/ el falso profeta.
- Los dos testigos.
- Los 144,000

Nunca olvides darle el rol estelar a Jesucristo.

Ahora nos enfocaremos en los eventos del final de los tiempos y en nuestra actitud diaria frente a la Segunda Venida de Jesucristo.

Eventos del fin de los tiempos.

Sería fabuloso cubrir todos estos eventos en su orden. Desdichadamente, ¡nadie está de acuerdo en cuál es ese orden! Antes de ver algunas de las cosas que los creyentes analizamos desde perspectivas diferentes, miremos primero algo en lo que todos estamos totalmente de acuerdo.

Jesucristo viene nuevamente a esta tierra.

Tal como vino la primera vez- de forma visible, física y corporal, Jesús vendrá a esta tierra ¡nuevamente! Aunque los cristianos no estamos de acuerdo acerca del orden de los eventos que rodean a su regreso, no hay duda alguna de que regresará. Su Segunda Venida es un tema del que se habla aún más claramente que de la primera.

> "Habiendo dicho esto, mientras ellos lo miraban, fue llevado a las alturas hasta que una nube lo ocultó de su vista. Ellos se quedaron mirando fijamente al cielo mientras él se alejaba. De repente, se les acercaron dos hombres vestidos de blanco, que les dijeron: -Galileos, ¿qué hacen aquí mirando al cielo? Este mismo Jesús, que ha sido llevado de entre ustedes al cielo, vendrá otra vez de la misma manera que lo han visto irse".
>
> - Hechos 1:9-11 (NVI)

> "La señal del Hijo del hombre aparecerá en el cielo, y se angustiarán todas las razas de la tierra. Verán al Hijo del hombre venir sobre las nubes del cielo con poder y gran gloria".
>
> - Mateo 24:30 (NVI)

> "En el hogar de mi Padre hay muchas viviendas; si no fuera así, ya se lo habría dicho a ustedes. Voy a prepararles un lugar. Y si me voy y se lo preparo, vendré para llevármelos conmigo. Así ustedes estarán donde yo esté".
>
> - Juan 14:2-3 (NVI)

Veremos algunas opiniones diferentes acerca de cómo sucederá este regreso. Pero no dejes que este estudio te distraiga del hecho que este mundo necesita escuchar: ¡Jesús viene nuevamente!

Hay cuatro eventos que marcan el final de los tiempos, que todo creyente necesita comprender: La tribulación. El rapto, el regreso visible de Jesús y el milenio.

La Tribulación.

Apocalipsis 4-18 describe la Tribulación en detalle. Las señales que acompañan la Segunda Venida de Jesús que estudiamos en la última sesión, describían algunos de los acontecimientos que sucederán en este período de la Tribulación. El tiempo de la Tribulación incluye la batalla del Armagedón, la Gran batalla final (Ap. 16:16).

Hay dos características que distinguirán la tribulación de otros momentos difíciles de la historia humana:

- Primero, involucra a ________________ no son sucesos localizados.
- Segundo, la Tribulación será única porque _________ se darán cuenta de que el final está cerca.

Las escrituras dividen los siete años de Tribulación en dos partes iguales. En la tribulación, las dos mitades son llamadas: "un tiempo, y tiempos y medio tiempo" (Ap. 12:14), o "cuarenta y dos meses" (11:2; 13:5), o "1,260 días" (11:3; 12:6), cada uno de ellos de tres años y medio.

Pregunta: ¿Pasarán los cristianos por este tiempo de Tribulación?

Para responder a esta pregunta debemos primero examinar el evento llamado RAPTO.

El Rapto.

El título "Rapto" viene del Latín, usado en 1 Tesalonicenses 4:17. El griego original se traduce "agarrados" (en inglés) El rapto es el suceso en el cual Jesús reúne a todos los creyentes con él, y a cada uno se le da un cuerpo glorificado. Esto debe de distinguirse del regreso visible de Jesús, al que todos veremos, cuando Él juzgará las naciones y establecerá Su reino. Muchos ven al Rapto como un evento que será ocultado a todos, excepto a los cristianos y que ocurrirá algunos años antes del regreso visible de Jesús. Otros ven al rapto y al regreso de Jesús como dos eventos simultáneos.

Aunque hay dudas acerca del tiempo exacto del Rapto (mira el cuadro antes del fin de esta sección), las preguntas que tenemos al respecto no deberían distraer nuestra atención de que esto efectivamente sucederá.

1ª Tesalonicenses 4:13-18, nos da detalles acerca de cómo se dará este evento en el que Dios se llevará a su Iglesia.

> "El Señor mismo descenderá del cielo con voz de mando, con voz de arcángel y con trompeta de Dios, y los muertos en Cristo resucitarán primero. Luego los que estemos vivos, los que hayamos quedado, seremos arrebatados junto con ellos en las nubes para encontrarnos con el Señor en el aire. Y así estaremos con el Señor para siempre. Por lo tanto, anímense unos a otros con estas palabras".
>
> -1 Tesalonicenses 4:16-18 (NVI)

- Primero: El Señor ________________.

  "El Señor descenderá del cielo . . ."

  En las nubes (Hch 1:11). Bajo las condiciones de Dios (Mat. 24:14). Inesperadamente (Mat. 24:37).

- Segundo: Los muertos en Cristo ________________

  "Y los muertos en Cristo resucitarán primero . . ."

  > "Así sucederá también con la resurrección de los muertos. Lo que se siembra en corrupción, resucita en incorrupción; lo que se siembra en oprobio, resucita en gloria; lo que se siembra en debilidad, resucita en poder"
  >
  > -1 Corintios 15:42-43 (NVI)

- Tercero: Los que estemos vivos seremos ________________ con ellos.

1ª Tesalonicenses 4 dice, " los que hayamos quedado seremos arrebatados junto con ellos".

Esta es nuestra imagen más familiar del Rapto. Aquellos creyentes que estén caminando en la tierra en esos momentos, cambiarán de alguna forma sus cuerpos mortales en cuerpos resucitados, para ser elevados y llevados con Jesús en el aire.

- Cuarto: Nos ____________ con el Señor en el aire y estaremos con el Señor para siempre.

Una observación más detallada.

¿Cuál es la diferencia entre el tiempo del rapto de la iglesia y la segunda venida visible de Jesús para juzgar a las naciones y establecer su reino?

Algunos (amilenialistas y postmilenialistas) dicen que estas dos cosas sucederán al mismo tiempo.

Otros (premilenialistas) ven un orden. Hay tres ideas generales acerca de lo que podría ser este orden:

1. El rapto pretribulación: el rapto ocurre justo antes de la tribulación.
2. El rapto en medio de la tribulación: el rapto ocurre 3-1/2 años después de iniciada la tribulación.
3. El rapto después de la tribulación: El rapto ocurre al finalizar los siete años de tribulación.

¿Qué te dicen estas diferentes visiones a ti personalmente? Regocíjate si Dios te toma antes de la tribulación de los últimos días. Pero no te sorprendas, y no pierdas tu fe, si Dios escoge dejarnos como testigos durante esos últimos días.

El regreso visible de Cristo.

El regreso visible de Jesús es diferente del rapto. En su regreso, toda la tierra verá a Jesús regresando y Él establecerá su reino y gobernará la tierra.

> "La señal del Hijo del hombre aparecerá en el cielo, y se angustiarán todas las razas de la tierra. Verán al Hijo del hombre venir sobre las nubes del cielo con poder y gran gloria".
>
> - Mateo 24:30 (NVI)

> "¡Miren que viene en las nubes! Y todos lo verán con sus propios ojos, incluso quienes lo traspasaron; y por él harán lamentación todos los pueblos de la tierra. ¡Así será! Amén".
>
> -Apocalipsis 1:7 (NVI)

El Milenio

"El Milenio" es el término que se usa para describir el reino de mil años de Cristo, mencionado en Apocalipsis 20:1-6.

> Vi además a un ángel que bajaba del cielo con la llave del abismo y una gran cadena en la mano. Sujetó al dragón, a aquella serpiente antigua que es el diablo y Satanás, y lo encadenó por mil años. Lo arrojó al abismo, lo encerró y tapó la salida para que no engañara más a las naciones, hasta que se cumplieran los mil años.
>
> Entonces vi tronos donde se sentaron los que recibieron autoridad para juzgar. Vi también las almas de los que habían sido decapitados por causa del testimonio de Jesús y por la palabra de Dios. No habían adorado a la bestia ni a su imagen, ni se habían dejado poner su marca en la frente ni en la mano. Volvieron a vivir y reinaron con Cristo mil años. Ésta es la primera resurrección; los demás muertos no volvieron a vivir hasta que se cumplieron los mil años. dichosos y santos los que tienen parte en la primera resurrección. La segunda muerte no tiene poder sobre ellos, sino que serán sacerdotes de Dios y de Cristo, y reinarán con él mil años.
>
> —Apocalipsis 20:1–6

A través de los años, se han dado tres principales formas de explicar este reino de mil años de Cristo:

1. Postmilenialistas (Jesús regresa después del milenio)

   Esta posición sostiene que el reino de Dios está siendo extendido ahora en el mundo a través de la predicación del Evangelio, y la obra salvadora del Espíritu Santo se está dando en los individuos. El mundo, entonces, sería eventualmente cristianizado, y el regreso de Jesús ocurriría al cerrarse ese largo período de justicia y paz que comúnmente se lo conoce como el "Milenio". Este período no es literalmente de 1000 años, sino un período extendido de tiempo.

   Fortaleza: Una visión optimista del poder del evangelio para cambiar al mundo, que espera cumplir con la Gran Comisión.

   Debilidad: Prácticamente, esta visión es difícilmente reconciliable con lo que sucede en el mundo. Bíblicamente, es difícil reconciliar esta posición con la enseñanza preponderante del período final de tribulación.

2. Amilenialista (Jesús regresa sin un período de Milenio)

   Hasta el fin, habrá un desarrollo paralelo de bien y mal, el Reino de Dios y el de Satanás. Después de la Segunda Venida de Cristo, al final del mundo, habrá una resurrección general y un juicio para todas las personas. El reino de 1000 años de Cristo no es literal; es simbólico y habla de la obra de Cristo en la tierra desde su resurrección hasta su segunda venida.

   Fortaleza: Responde preguntas acerca de temas como el de los santos resucitados y de cómo sería vivir en un mundo sin regenerar, por un período de mil años hasta el juicio final.

Debilidad: Alegoriza las profecías acerca de la Segunda Venida, convirtiéndolas en símbolos espirituales en lugar de sólo eventos.

3. Premilenialistas (Jesús regresa antes del milenio)

   Los pre-milenialistas sostienen que la Segunda Venida de Cristo se da antes del período llamado Milenio y entonces se establecerá el reino de Cristo en la tierra, literalmente durante mil años. La duración del reino de Cristo será de 1,000 años. Su ubicación será en este planeta, y su gobierno recaerá en la persona de nuestro Señor Jesucristo, que reinará como un soberano. Esto cumplirá todas las promesas aún no cumplidas del reinado de Cristo en la tierra.

   Fortaleza: Intenta buscar una comprensión de todas las escrituras que se relacionan con la Segunda Venida, en lugar de evadir las que son difíciles de comprender. Es una perspectiva más literal de las Escrituras.

   Debilidad: A menudo, acusada de tener partes muy complicadas, suposiciones erradas y opiniones diferentes acerca del significado de los símbolos.

Perspectiva personal clave.

Cuatro ideas alentadoras en estos cuatro eventos.

1. La verdad de la tribulación me anima. No porque las cosas se pongan mal, significa que Dios no las mejorará.
2. La verdad del Rapto me anima. Dios llevará a sus hijos a casa.
3. La verdad del regreso visible de Jesús me anima. Jesús será, efectivamente, Señor de todo.
4. La verdad acerca del Milenio me anima. Dios tiene un plan que se extiende a la eternidad.

"Así que, no nos fijamos en lo visible sino en lo invisible, ya que lo que se ve es pasajero, mientras que lo que no se ve es eterno."

-2 Corintios 4:18

Al terminar el tiempo ¿qué les pasará a...

Los creyentes

En una palabra ¡_____________________!

"también Cristo fue ofrecido en sacrificio una sola vez para quitar los pecados de muchos; y aparecerá por segunda vez, ya no para cargar con pecado alguno, sino para traer salvación a quienes lo esperan".

- Hebreos 9:28 (NVI)

"Así, cuando aparezca el Pastor supremo, ustedes recibirán la inmarcesible corona de gloria".

-1 Pedro 5:4 (NVI)

"Queridos hermanos, ahora somos hijos de Dios, pero todavía no se ha manifestado lo que habremos de ser. Sabemos, sin embargo, que cuando Cristo venga seremos semejantes a él, porque lo veremos tal como él es".

- 1 Juan 3:2 (NVI)

El pueblo judío.

En una palabra ______________________

Pablo es claro en afirmar en Romanos 11.

"Ahora pregunto: ¿Acaso tropezaron para no volver a levantarse? ¡De ninguna manera! Más bien, gracias a su transgresión ha venido la salvación a los gentiles, para que Israel sienta celos. Pero si su transgresión ha enriquecido al mundo, es decir, si su fracaso ha enriquecido a los gentiles, ¡cuánto mayor será la riqueza que su plena restauración producirá!. . . Hermanos, quiero que entiendan este *misterio para que no se vuelvan presuntuosos. Parte de Israel se ha endurecido, y así permanecerá hasta que haya entrado la totalidad de los gentiles. De esta manera todo Israel será salvo, como está escrito: "El redentor vendrá de Sión y apartará de Jacob la impiedad".

- Romanos 11:11-12, 25-26 (NVI)

No creyentes.

En una palabra, ___________

"Luego vi un gran trono blanco y a alguien que estaba sentado en él. De su presencia huyeron la tierra y el cielo, sin dejar rastro alguno. Vi también a los muertos, grandes y pequeños, de pie delante del trono. Se abrieron unos libros, y luego otro, que es el libro de la vida. Los muertos fueron juzgados según lo que habían hecho, conforme a lo que estaba escrito en los libros... Aquel cuyo nombre no estaba escrito en el libro de la vida era arrojado al lago de fuego".

-Apocalipsis 20:11-12, 15 (NVI)

¿Cuál debería ser nuestra actitud?

- Estar alerta y ______________

"¡Estén alertas! ¡Vigilen! Porque ustedes no saben cuándo llegará ese momento".

- Marcos13:33 (NVI)

"no sea que venga de repente y los encuentre dormidos. Lo que les digo a ustedes, se lo digo a todos: ¡Manténganse despiertos!"

- Marcos 13:36-37 (NVI)

- Estar alertas y ______________

"No debemos, pues, dormirnos como los demás, sino mantenernos alerta y en nuestro sano juicio."

- 1 Tesalonicenses 5:6 (NVI)

"Por eso, dispónganse para actuar con inteligencia; tengan dominio propio; pongan su esperanza completamente en la gracia que se les dará cuando se revele Jesucristo".

- 1 Pedro 1:13 (NVI)

"Ya se acerca el fin de todas las cosas. Así que, para orar bien, manténganse sobrios y con la mente despejada".

-1 Pedro 4:7 (NVI)

- Vivir vidas santas.

"Ya que todo será destruido de esa manera, ¿no deberían vivir ustedes como Dios manda, siguiendo una conducta intachable y esperando ansiosamente la venida del día de Dios? Ese día los cielos serán destruidos por el fuego, y los elementos se derretirán con el calor de las llamas".

- 2 Pedro 3:11-12 (NVI)

- Ser ____________ y esperar ___________________.

"Así también ustedes, manténganse firmes y aguarden con paciencia la venida del Señor, que ya se acerca".

-Santiago 5:8 (NVI)

"de modo que no les falta ningún don espiritual mientras esperan con ansias que se manifieste nuestro Señor Jesucristo".

-1ª Corintios 1:7 (NVI)

- Esperar ___________________.

"Por lo demás me espera la corona de justicia que el Señor, el juez justo, me otorgará en aquel día; y no sólo a mí, sino también a todos los que con amor hayan esperado su venida".

-2 Timoteo 4:8 (NVI)

"En verdad, Dios ha manifestado a toda la *humanidad su gracia, la cual trae salvación y nos enseña a rechazar la impiedad y las pasiones mundanas. Así podremos vivir en este mundo con justicia, piedad y dominio propio, mientras aguardamos la bendita esperanza, es decir, la gloriosa venida de nuestro gran Dios y Salvador Jesucristo".

- Tito 2:11-13 (NVI)

Perspectiva personal clave,

Para el creyente, el conocimiento de la profecía debe llevar su corazón a una actitud de adoración hacia Dios. De principio a fin el libro de Apocalipsis, muestra al Apóstol Juan con el hábito de responder al futuro profético, con una actitud de adoración.

"Al verlo, caí a sus pies como muerto; pero él, poniendo su mano derecha sobre mí, me dijo: "No tengas miedo. Yo soy el Primero y el Último, Al verlo, caí a sus pies como muerto; pero él, poniendo su mano derecha sobre mí, me dijo: "No tengas miedo. Yo soy el Primero y el Último,"

- Apocalipsis 1:17 (NVI)

"Yo, Juan, soy el que vio y oyó todas estas cosas. Y cuando lo vi y oí, me postré para adorar al ángel que me había estado mostrando todo esto. Pero él me dijo: "¡No, cuidado! Soy un siervo como tú, como tus hermanos los profetas y como todos los que cumplen las palabras de este libro. ¡Adora sólo a Dios!"

- Apocalipsis 22:8-9 (NVI)

No hay mejor resumen de nuestro estudio del final de los tiempos que estas poderosas palabras de invitación "¡Adora a Dios!"

Apéndice

Perspectivas acerca de los últimos acontecimientos

Categoría	Amilenialista	Post-milenialista	Premilenialismo	Premilenialismo Dispensacional
Segunda Venida de Cristo	Evento, no hay distinción entre Rapto y Segunda Venida. Introduce un estado eterno.	Evento; no hay distinción entre el Rapto y la Segunda Venida; Cristo regresa después del milenio.	El Rapto y la Segunda Venida son simultáneos; Cristo regresa para reinar en la tierra.	La Segunda Venida se da en dos fases: El Rapto de la iglesia: Segunda Venida se da 7 años después.
Resurrección	Resurrección general de los creyentes en la Segunda Venida de Cristo.	Resurrección general de los creyentes y no creyentes en la Segunda Venida de Cristo	La resurrección de los creyentes al comenzar el milenio. La resurrección de los no creyentes al finalizar el milenio.	Distinción de las resurecciones: 1. La Iglesia en el rapto 2. Antiguo Testamento/Tribulación y santos en la Segunda Venida 3. No creyentes al finalizar el milenio
Juicios	Juicio general de toda la gente	Juicio general de toda la gente	Juicio en la Segunda Venida. Juicio al finalizar la Tribulación	Distinción del juicio: 1. Las obras de los creyentes en el rapto 2. Judíos/gentiles al final de la tribulación 3. No creyentes al terminar el milenio
Tribulación	La tribulación se experimenta en esta era.	La tribulación se experimenta en esta era.	Visión post-tribulación: La iglesia pasará por la tribulación.	Visión pre-tribulación: La iglesia es raptada antes de la tribulación
Milenio	No hay un milenio literal en la tierra después de la Segunda Venida. El Reino está presente en la era de la iglesia.	La era presente está inmersa en el milenio por el progreso del evangelio.	El milenio es tanto presente como futuro. Cristo reina en el cielo, el milenio no tiene necesariamente 1,000 años.	En la Segunda Venida de Cristo se inaugurarán 1,000 años. de reinado en la tierra.
Israel y la iglesia	La iglesia es el nuevo Israel. No hay distinción entre Israel y la Iglesia.	Algunas diferencias entre Israel y la iglesia. El futuro es para, Israel, pero la iglesia es el futuro	Algunas diferencias entre Israel y la iglesia. El futuro es para Israel, pero la iglesia es el futuro Israel.	Diferenciación completa entre Israel y la iglesia. Hay programas diferentes para los dos.
Simpatizantes	L. Beckhof; O. T. Allis; G. C. Berkhouwer	Charles Hodge; B. B. Warfield; W. G. T. Shedd; A. H. Strong	G. E. Ladd; A. Reese; M. J. Erickson	L. S. Chafer; J. D. Pentecost; C. C. Ryrie; J. F. Walvoord; C. Swindoll

Recurso: Tomado de Paul Enns, The Moody Handbook of Theology (Chicago: Moody Press, 1989). Usado con permiso.

Termina memorizando la tarjeta 11, "La verdad acerca de la Segunda Venida."

Preguntas de discusión.

1. ¿Cómo te comunica el amor de Dios, el hecho de que Él esté preparando un lugar en el cielo para ti? ¿Te gustaría comprender mejor lo profundo del amor de Jesús por ti?

2. ¿Puedes siquiera imaginar lo que será el rapto de la iglesia de Cristo? (¡Algo como paracaidismo pero en reversa!) ¿Hay alguien que conozcas, cuyo cuerpo resucitado saldrá de la tumba para encontrarse con su espíritu, que vendrá en el aire con Jesús? ¿Con quién te gustaría ir de la mano mientras subes a ver a Jesús? ¿Qué pensamiento vendrá primero a tu mente cuando te des cuenta de lo que sucede?

3. ¿Qué te dice el hecho de que haya tantas opiniones diferentes acerca de temas como el milenio?

4. Hablen juntos acerca de cómo las actitudes que Dios nos enseña a tener frente al regreso visible de Jesús, se pueden aplicar en nuestras vidas diarias.

   Estar alertas y pendientes, ¿Te ayuda esto a pensar en el hecho de que Jesús va a regresar?

   Estar alertas y ser sobrios. ¿Cómo te ayuda la realidad del regreso de Jesús a mantenerte lejos de la tentación y a cuidar las disciplinas espirituales tales como la oración y el servir a los demás?

   Vivir vidas santas. ¿Vives una vida santa, libre del temor de que alguien te pesque haciendo algo equivocado cuando Jesús regrese, o con el deseo de usar el poco tiempo que queda para complacer al Señor? ¿Qué crees que te ayudaría a vivir sin temor y con más deseo de agradarle?

   Sé paciente y espera ansiosamente. Todos luchamos con la paciencia. ¿Qué lección has aprendido (o visto en otros) que te ha ayudado a recordar que no debes intentar apurar a Dios?

   ¡Espera su regreso! ¿Qué expectativas tienes para cuando regrese Jesús?

Para estudio posterior

Clouse, Robert G. *El significado del Milenio.* Downers Grove, Ill.: InterVarsity Press, 1977.

Elwell, Walter, ed. *Análisis Tópico de la Biblia.* Grand Rapids, Mich.: Baker, 1991. Graham,

Billy. *Storm Warning.* Dallas: Word, 1992.

Lightner, Robert. *The Last Days Handbook.* Nashville: Nelson, 1990.

Little, Paul. *Conociendo lo que crees.* Wheaton, Ill.: Victor, 1987.

Rhodes, Ron. *The Heart of Christianity.* Eugene, Ore.: Harvest House, 1996.

Respuestas a los espacios en blanco.

Todo el mundo
todos
desciende
resucitarán
tomados
encontramos
recompensa
restauración
juicio
atentos
sobrios
paciente, ansiosamente
su regreso

Estudio-Resumen

Meta Transformadora

Elaborar once maneras para vivir personalmente las verdades de la palabra de Dios que hemos aprendido juntos.

"Ustedes, en cambio, queridos hermanos, manténganse en el amor de Dios, edificándose sobre la base de su santísima fe".

— Judas1:20 (NVII)

"Esto es lo que pido en oración: que el amor de ustedes abunde cada vez más en conocimiento y en buen juicio, para que disciernan lo que es mejor, y sean puros e irreprochables para el día de Cristo,"

— Filipenses 1:9–10 (NVI)

¿Qué es la Doctrina Cristiana?

La doctrina cristiana es un ____________________ de lo que la _____ _____________. Una buena definición para teología es la _________________________ __________________.\

¿Cuál es el valor de la Doctrina que has aprendido?

1. _________________________ Somos crueles con nosotros mismos si tratamos de vivir en este mundo sin conocer al Dios que es su dueño y lo gobierna. El mundo se hace extraño, doloroso ... para aquellos que no saben de Dios.1

—J. I. Packer

Así dice el SEÑOR: «Que no se gloríe el sabio de su sabiduría, ni el poderoso de su poder, ni el rico de su riqueza. Si alguien ha de gloriarse, que se gloríe de conocerme y de comprender que yo soy el SEÑOR, que actúo en la tierra con amor, con derecho y justicia, pues es lo que a mí me agrada -afirma el SEÑOR-.

— Jeremías 9:23–24 (NVI)

2. Has ____________________________.

"Si enseñas estas cosas a los hermanos, serás un buen servidor de Cristo Jesús, nutrido con las verdades de la fe y de la buena enseñanza que paso a paso has seguido".

— 1 Timoteo 4:6 (NVI)

3. Podrás ______________________________.

"Debe apegarse a la palabra fiel, según la enseñana que recibió, de modo que también pueda exhortar a otros con la sana doctrina y refutar a los que se opongan".

—Tito 1:9 (NVI)

4. Estás protegido contra el ____________.

"En cambio, el alimento sólido es para los adultos, para los que tienen la capacidad de distinguir entre lo bueno y lo malo, pues han ejercitado su facultad de percepción espiritual".

— Hebreos 5:14 (NVI)

5. Has cambiado tu forma de ___________.

"Porque como piensa dentro de sí mismo, así es él".

— Proverbios 23:7 (NASB, traducida)

6. Has construido un ________________________________.

"Por eso, dejando a un lado las enseñanzas elementales acerca de Cristo, avancemos hacia la madurez. No volvamos a poner los fundamentos, tales como el arrepentimiento de las obras que conducen a la muerte, la fe en Dios, la instrucción sobre bautismos, la imposición de manos, la resurrección de los muertos y el juicio eterno".

— Hebreos 6:1–2 (NVI)

El fundamento de mi vida está determinado por:

1. Donde pongo mi corazón.

   "Ya que han resucitado con Crito, busquen las cosas de arriba, donde está Cristo sentado a la derecha de Dios".

   —Colosenses 3:1 (NVI)

2. Donde pongo mi mente.

   Mira Colosenses 3:2 y Salmo 1:2. "Pongan sus mentes en las cosas de arriba, no en las de la tierra".

   — Colosenses 3:2 (NVI)

   "sino que en la ley del SEÑOR se deleita, y día y noche medita en ella".

   — Salmo 1:2(NVI)

   "Por último, hermanos, consideren bien todo lo verdadero, todo lo respetable, todo lo justo, todo lo puro, todo lo amable, todo lo digno de admiración, en fin, todo lo que sea excelente o merezca elogio".

   — Filipenses 4:8 (NVI)

3. Donde fijo mis ojos.

   "Fijemos la mirada en Jesús, el iniciador y perfeccionador de nuestra fe, quien por el gozo que le esperaba, soportó la cruz, menospreciando la vergüenza que ella significaba, y ahora está sentado a laderecha del trono de Dios".

   — Hebreos 12:2 (NVI)

   "Así que no nos fijamos en lo visible sino en lo invisible, ya que lo que se ve es pasajero, mientras que lo que no se ve es eterno".

   — 2 Corintios 4:18 (NVI)

Padre,

gracias por mostrarnos las verdades de tu Palabra, a través de tu Hijo y por medio de tu Espíritu. Nuestra sentida petición es que estas verdades que hemos aprendido sean vividas en nuestro andar diario. Hacemos este pedido con la confianza de que sabemos que deseas que seamos hacedores de tu Palabra. Pero también pedimos humildemente, Señor, que podamos vivir tu verdad en tu fortaleza: aunque eso nos cueste caer de cara al suelo en el intento. Necesitamos desesperadamente tu presencia y tu poder en nuestras vidas. A través de ese poder, pedimos que nos capacites para construir nuestras vidas sobre la base de la verdad, de tu verdad.

En el nombre de Jesús. Amen

Cómo construir un fundamento duradero.

Tres niveles de la verdad.

Esta es una breve mirada a los temas que hemos estudiado juntos durante los últimos meses. Esta tabla te ayuda a aver los diferentes niveles de aprendizaje que se requieren para aprender una verdad. Que seas capaz de citar una verdad, no necesariamente significa que la hayas aprendido.

Para profundizar en una doctrina . . .	Aprenderla (comprender la verdad)	Amarla (cambiar de perspectiva)	Vivirla (aplicarla a mi vida)
La Biblia	La Biblia es la guía perfecta de Dios para vivir	Puedo tomar la. decisión correcta	Consultaré la Biblia para buscar guía en mis decisiones respecto a ______________________.
Dios	Dios es más grande, mejor y está más cerca de lo que imaginas.	Lo más importante para mí es lo que creo de Dios.	Ver lo grande que es Dios, hace que ________________ se vea tan pequeño.
Jesús	Jesús es Dios mostrándose a sí mismo.	Dios desea que lo conozca mejor.	Conoceré mejor a Jesús teniendo tiempos de quietud con Él.
El Espíritu Santo	Dios vive en mí y a través de mí ahora.	Soy un templo del Espíritu Santo de Dios.	Trataré mi cuerpo como el templo que es haciendo ______________.
La Creación	Nada "sólo se dio". Dios lo creó todo.	Tengo un propósito en este mundo.	La razón por la que existo es ______________________.
La Salvación	La gracia es la única forma de tener una relación con Dios.	Soy un objeto de. la gracia de Dios.	Dejaré de ver________________ como una manera de ganar mi. salvación. Solo las haré como forma de apreciar la gracia de Dios.
La Santificación	La fe es la única forma de crecer como creyente.	Crezco cuando puedo verme de otra manera.	Pasaré más tiempo escuchando lo que la Palabra de Dios dice de mí y menos escuchando lo que el mundo dice de mí.
El Bien y el mal	Dios ha permitido el mal para darnos a escoger. Dios puede obtener bien aún del mal. Dios promete la victoria sobre el mal a aquellos que lo escogen.	Todo obra para bien.	Estoy peleando contra el mal cuando enfrento, __________________ venceré el mal con el bien cuando ______________________.
La Vida después de la muerte	El cielo y el infierno son . lugares reales. La muerte es el inicio, no el final.	Puedo enfrentar la muerte. confiadamente.	Tendré una actitud más esperanzadora hacia________________.
La Iglesia	El único super-poder en el mundo es la iglesia.	El mejor lugar para invertir mi vida es la iglesia.	Necesito hacer un compromiso más profundo con la iglesia ______________________.
La segunda venida	Jesús regresa para juzgar este mundo y reunir a los hijos de Dios.	Quiero vivir alerta, esperando su regreso.	Puedo animar a ______________ con la esperanza de la segunda venida.

Respuestas a los espacios en blanco

Resumen organizado
Biblia enseña
Fe buscando comprensión
Conocer mejor a Dios
Alimentado tu alma
Compartir con otros
error
pensar
fundamento esencial

Notas

Estudio Introductorio

1. J. I. Packer, *Truth and Power* (Wheaton, Ill.: Shaw, 1996), 16.

Sesión 1. La Biblia: Parte 1

1. Norman L. Geisler and Ronald M. Brooks, *When Skeptics Ask* (Wheaton, Ill.: Victor, 1990), 159–60.
2. William F. Albright, *The Archaeology of Palestine*, (Harmondsworth, Middlesex: Pelican, 1960), 127.
3. Josh McDowell, *Evidencia que exige un veredicto* (San Bernardino, Calif.: Here's Life Publishers, 1972), 19–20.
4. Geisler and Brooks, *When Skeptics Ask*, 145.

Sesión 3. Dios: Parte 1

1. A. W. Tozer, *Knowledge of the Holy* (New York: Harper and Row, 1961), 9.
2. J. P. Moreland, Saddleback Church men's retreat, 7 February 2000.

Sesión 4. Dios: Parte 2

1. Billy Graham, *The Holy Spirit: Activating God's Power in Your Life* (New York: Warner, 1980), 27–28.

Sesión 5. Jesús: Parte 1

1. Walter Elwell, ed., *Topical Analysis of the Bible* (Grand Rapids, Mich.: Baker, 1991).
2. *Encyclopaedia Britannica*, 15th ed., s.v. "Jesus Christ."

Sesión 6. Jesús: Parte 2

1. C. S. Lewis, *Mere Christianity* (New York: Macmillan, 1952), 55–56.
2. Josh McDowell, *Evidencia que exige un veredicto* (San Bernadino, Calif.: Here's Life Publishers, 1979), 103–7.
3. Peter W. Stoner, *Science Speaks: Scientific Proof of the Accuracy of Prophecy and the Bible*, 3rd rev. ed. (Chicago: Moody Press, 1969), 100–107.

Sesión 8. El Espíritu Santo: Parte 2

1. The following three illustrations are taken from *The Spirit-Filled Life*, used by permission from Campus Crusade for Christ.

Sesión 9. La Creación: Parte 1

1. R. E. D. Clark, *Darwin: Before and After* (London: Paternoster, 1948), 86.
2. Francis Crick, *Life Itself, Its Origin and Nature* (New York: Simon and Schuster, 1981), 51–52.

3. Charles C. Ryrie, *Teología Básica* (Unilit) (Wheaton, Ill.: SP Publications, 1986), 177.
4. Fred Hoyle, *The Intelligent Universe* (New York: Holt, Rinehart and Winston, 1983), 19.
5. Francis Darwin, *Life and Letters of Charles Darwin* (New York: Basic Books, 1959), 1: 210.
6. David Raup, "Conflicts Between Darwin and Paleontology," *Field Museum of Natural History Bulletin* 30, no. 1 (1979): 25.
7. Michael J. Behe, *Darwin's Black Box: The Biochemical Challenge to Evolution* (New York: Free Press, 1995), 39.
8. Gregory Koukl, *Michael Behe's Theistic Evolution,* transcript of Stand to Reason Radio, 24 December 1997, accessed 1 February 2003 at www.str.org.
9. Dr. Ray Bohlin, *Why We Believe in Creation.* Accessed 1 February 2003 at www.probe.org.
10. Michael D. Lemonick, "Echoes of the Big Bang," *Time,* (4 May 1992), 62.
11. Sharon Begley, "Science Finds God," *Newsweek* (20 July 1998): 46–51.
12. Robert Jastrow, *God and the Astronomers,* 2d ed. (New York: W. W. Norton, 1992), 106–7.

Sesión 12. La Salvación: Parte 2

1. Los tres puntos en viñetas fueron adaptados de Charles C. Ryrie, *So Great Salvation* (Wheaton, Ill.: Victor, 1989), 142–43.
2. Apéndice adaptado y abreviado de Charles Stanley, *Eternal Security: Can You Be Sure?* (Nashville: Nelson, 1990), 135–83.

Sesión 15. El Bien y el Mal: Parte 1

1. Aleksandr I. Solzhenitsyn, *The Gulag Archipelago, 1918–1956,* trans. Thomas P. Whitney (New York: Harper & Row, 1985), 615.

Sesión 16. El Bien y el Mal: Parte 2

1. C. S. Lewis, *The Problem of Pain* (New York: Macmillan, 1962), 93.

Sesión 18. La Vida después de la muerte: Parte 2

1. Recurso desconocido.

Sesión 21. La Segunda Venida: Parte 1

1. Billy Graham, *Approaching Hoofbeats: The Four Horsemen of the Apocalypse* (Waco, Tex.: Word, 1983), 19–20.
2. Charles R. Swindoll, *Growing Deep in the Christian Life* (Portland, Ore.: Multnomah Press, 1986), 268.
3. Graham, *Approaching Hoofbeats,* 23.

Estudio-Resumen

1. J. I. Packer, *Truth and Power* (Wheaton, Ill.: Shaw, 1996), 16.

tarjetas para memorizar

La verdad acerca de la Biblia

La biblia es la guía perfecta de Dios para la vida.

La verdad acerca de Dios

Dios es más grande, mejor y está más cerca de lo que puedo imaginar.

La verdad acerca de Jesús

Jesús es Dios mostrándose a nosotros.

La verdad acerca del Espíritu Santo

Dios vive en mí y a través de mí ahora.

La verdad acerca de la Creación.

No es que las cosas "simplemente sucedieron". Dios creó todo lo que hay del bien y el mal.

La verdad acerca de la Salvación

La Gracia es la única forma de tener una relación con Dios.

La verdad acerca de la Santificación

La fe es el único medio del que disponemos para crecer como creyentes.

La verdad acerca de la Iglesia

Dios ha permitido el mal para que podamos escoger
Dios puede traer el bien aún de eventos malos.
Dios promete la victoria sobre el mal a aquellos que lo siguen

La verdad acerca de la vida después de la muerte

El cielo y el infierno son lugares reales. La muerte es el comienzo, no el fin.

La verdad acerca de la Iglesia

La única verdadera "super potencia" mundial es la Iglesia.

La verdad acerca de la Segunda Venida

Jesús volverá a juzgar al mundo y a recoger a los hijos de Dios.

Fíjense qué gran amor nos ha dado el Padre, que se nos llame hijos de Dios! ¡Y lo somos! El mundo no nos conoce, precisamente porque no lo conoció a Él. - —1 Juan 3:1	Toda la Escritura es inspirada por Dios y útil para enseñar, para reprender, para corregir y para instruir en la justicia, - —2 Timoteo 3:16	
¡Sólo tú eres el SEÑOR! Tú has hecho los cielos, y los cielos de los cielos con todas sus estrellas. Tú le das vida a todo lo creado: la tierra y el mar con todo lo que hay en ellos. ¡Por eso te adoran los ejércitos del cielo! — Nehemías 9:6	No se emborrachen con vino, que lleva al desenfreno. Al contrario, sean llenos del Espíritu. —Efesios 5:18	Toda la plenitud de la divinidad habita en forma corporal en Cristo; y en Él, que es la cabeza de todo poder y autoridad, ustedes han recibido esa plenitud. —Colosenses 2:9-10
Ahora bien, sabemos que Dios dispone todas las cosas para el bien de quienes lo aman, los que han sido llamados de acuerdo con su propósito. — Romanos 8:28	He sido crucificado con Cristo, y ya no vivo yo sino que Cristo vive en mí. Lo que ahora vivo en el cuerpo, lo vivo por la fe en el Hijo de Dios, quien me amó y dio su vida por mí. —Gálatas 2:20	Porque por gracia ustedes han sido salvados mediante la fe; esto no procede de ustedes, sino que es el regalo de Dios, — Efesios 2:8
Por eso, dispónganse para actuar con inteligencia; tengan dominio propio; pongan su esperanza completamente en la gracia que se les dará cuando se revele Jesucristo. —1 Pedro 1:13	No dejemos de congregarnos, como acostumbran hacerlo algunos, sino animémonos unos a otros, y con mayor razón ahora que vemos que aquel día se acerca. —Hebreos 10:25	Concentren su atención en las cosas de arriba, no en las de la tierra. —Colosenses 3:2

Recursos Disponibles

Una Iglesia con Propósito. Este aclamado y premiado libro de Rick Warren, enseña de qué manera su iglesia puede ayudar a la gente a vivir los cinco propósitos de Dios para nuestras vidas. Disponible en veinte idiomas, en formato de libro y DVD. Millones de personas han estudiado este libro en grupos e iglesias.

Una Vida con Propósito. Rick Warren toma el revolucionario mensaje del reconocido libro *Una Iglesia con Propósito* y profundiza aun más, al aplicarlo al estilo de vida de cada cristiano como individuo. *Una Vida con Propósito* es un manifiesto para los cristianos que viven en el siglo 21; un estilo de vida basado en propósitos eternos y no culturales. Está escrito en un estilo devocional cautivante y dividido en cuarenta capítulos breves que se pueden leer como devocional diario y se pueden estudiar en grupos pequeños. Este libro se usa en las iglesias que participan de la campaña de 40 Días con Propósito.

40 Días con Propósito. Una campaña de 40 días para iglesias, edificado sobre el fundamento puesto por el libro *Una Vida con Propósito,* con sermones, recursos para grupos pequeños, material en video y entrenamiento para líderes. Este programa de 40 días promete cambiar definitivamente la vida de su iglesia.

Pastors.com y PurposeDriven.com tienen recursos adicionales para aquellos que cumplen ministerios de tiempo completo. *Pastors.com* se especializa en mensajes y ayudas para los pastores como comunicadores, incluyendo sermones y libros. *PurposeDriven.com* se especializa en elaborar herramientas y materiales para ayudar a las iglesias a cumplir los propósitos de Dios.

Nos agradaría recibir noticias suyas.
Por favor, envíe sus comentarios sobre este libro
a la dirección que aparece a continuación.
Muchas gracias.

Editorial Vida
Vida@zondervan.com
www.editorialvida.com

Printed in the USA
CPSIA information can be obtained
at www.ICGtesting.com
JSHW060325230624
65117JS00021B/74